2019 APEC 农业合作报告

◎ 何英彬 肖琴 李江 焦伟华 贾宏军 李冠桥 著

中国农业科学技术出版社

图书在版编目（CIP）数据

2019APEC农业合作报告/何英彬等著.—北京：中国农业科学技术出版社，2019.11

ISBN 978-7-5116-4504-3

Ⅰ.①2… Ⅱ.①何… Ⅲ.①亚太经济合作组织-农业合作-研究报告-2019 Ⅳ.①F116②F330.31

中国版本图书馆 CIP 数据核字（2019）第 256025 号

责任编辑	李冠桥
责任校对	马广洋

出 版 者	中国农业科学技术出版社
	北京市中关村南大街 12 号　邮编：100081
电　　话	（010）82109705(编辑室)　（010）82109704(发行部)
	（010）82109709(读者服务部)
传　　真	（010）82106625
网　　址	http://www.castp.cn
经 销 者	各地新华书店
印 刷 者	北京建宏印刷有限公司
开　　本	710mm×1 000mm　1/16
印　　张	10.5
字　　数	206 千字
版　　次	2019 年 11 月第 1 版　2019 年 11 月第 1 次印刷
定　　价	120.00 元

版权所有·翻印必究

第一作者简介

何英彬（HE Yingbin），中国农业科学院农业资源与农业区划研究所研究员。2004—2005年赴意大利海外农业研究所（IAO）学习，获得"3S技术"与自然资源评价专业硕士学位；2006年9—12月赴日本国际农林水产业研究中心（JIRCAS）作访问学者；2008年12月赴澳大利亚墨尔本作访问学者，从事土地适宜性评价研究；2014年5月正式受聘于澳大利亚昆士兰大学，成为其农业遥感监测与预测领域的客座教授；2015年11月，正式受聘于天津工业大学，成为其作物种植适宜性等研究领域的客座教授。曾多次出访澳大利亚、美国、日本、新加坡、加拿大、马来西亚等国家从事学术交流活动。此外，近年专注于马铃薯领域研究，并与国际马铃薯中心（CIP）开展了较为深入的互动与合作。先后主持国家自然科学基金面上基金、青年基金、APEC组织项目、中澳政府间合作项目、财政部专项、农业农村部专项等10余项；参加国家自然科学基金重点项目、科技部"973"课题、科技部国际合作重大项目、科技部国家科技支撑计划项目、科技部公益项目及平台项目10余项。发表论文50余篇，其中SCI/EI论文10余篇；发表有关马铃薯方面的专著1部，译著2部，其他以主编身份专著编著5部，参与编著论著6部；获得软件著作权1份；得奖5项。

前　言

随着全球化发展进程的推进，区域合作愈来愈受到应有的重视。合作领域的宽泛、经济发展的需求、科技问题的解决等都促使着 APEC 成员体的扩大，这些成员体中囊括了发展中国家和发达国家，在粮食消费习惯、农业发展水平、农业科技推广、粮食种类以及要素禀赋等多方面存在着差异性，基于此类问题，我们认为有必要多次梳理并且整合当前 APEC 地区存在的区域农业发展与合作、粮食安全与保障等新情况和新问题。我们经过大量调查研究、并在查阅相关报道的基础上撰写此书，以期本书在实现 APEC 地区农产品生产、销售、流通、贸易和投资，区域优势互补、资源共享等方面继续保持原有且与时俱新的理论指导意义。从而进一步提升 APEC 地区农业发展效率，促使区域问题的解决和机制内的可持续发展，为世界农业的健康、绿色发展贡献一份力量。

《2019APEC 农业合作报告》综合分析了近年来 APEC 地区的新兴问题并且介绍了与 APEC 相关的议题，如与妇女、中小企业、数字经济、整合 4.0 等，我们将这些情况进行总结。本书共分为九章，第一章总结了 2019 年 APEC 工作的重点，并详细地阐述了本年度中应解决的问题和加深合作的方向（由刘盈盈负责），第二章主要介绍了 APEC 和妇女之间的联系，主要阐述了女性在 APEC 的发展与合作中承担的角色演变以及历史遗留等问题（由李冠桥负责），第三章主要介绍了 APEC 中小企业组的由来和发展历程，且较为详实地说明了中小企业组在 APEC 合作发展中起到的作用和发展现状，并对中小企业组的发展前景进行了说明（由李冠桥负责），第四章分别对整合 4.0 的背景和内涵、APEC 成员体 4.0 发展实践以及农业 4.0 的发展进行了分析与展望（由肖琴负责），第五章介绍详细了数字经济的内涵与特征、APEC 数字经济的发展历程、重点议程和主要任务以及其比较分析和未来的发展趋势（由贾宏君负责），第六章系统分析了 APEC 农业可持续发展目标与关键议题、当前面临的机遇挑战和实现可持续发展的重要举措等（由李江负责），第七章在农业可持续发展的大环境背景下，分析了 APEC 地区城乡协调发展的现状，并且引用较为成功的国家、区域城乡统筹发展案例，全面地讲解了城乡协调发展的必要性，并进行了合理的展望（由焦伟华负责），第八章对绿色农业进行了系统阐述，分析了绿色农业发展的背景以及未来趋势（由肖琴负责），第九章分别对智慧农业和农业生物技术的合作与创新进行了较为详实的分析和叙述（由李江负责）。全书由何英彬总体设计、通稿、定稿。

本书在写作过程中得到了诸多的学者指导，以及众位老师与学生在资料收集和撰写工作上的帮助，在此表示衷心的感谢。

由于著者水平和时间有限，内容的完整性、系统性和准确性可能不尽如人意，书中难免有疏漏之处，恳请各位学者、同行和广大读者给予批评指正。

著 者

2019 年 10 月

目　　录

第一章　2019 年 APEC 工作重点 …………………………………（1）
第一节　可持续发展 …………………………………………………（1）
　　一、保护海洋和海洋生态系统 ……………………………………（1）
　　二、可持续能源 ……………………………………………………（3）
　　三、设置智慧城市通用标准 ………………………………………（3）
　　四、APEC 矿物部门的可持续发展 ………………………………（4）
第二节　整合 4.0 ……………………………………………………（4）
　　一、加强 APEC 成员体融入全球价值链 …………………………（6）
　　二、智慧边界 ………………………………………………………（6）
　　三、智慧物流 ………………………………………………………（7）
　　四、智慧贸易 ………………………………………………………（9）
　　五、人才 ……………………………………………………………（10）
第三节　妇女、中小企业和包容性增长 ……………………………（11）
　　一、妇女议题 ………………………………………………………（11）
　　二、中小企业议题 …………………………………………………（14）
第四节　数字社会 ……………………………………………………（15）
　　一、实施互联网和数字经济路线图 ………………………………（17）
　　二、APEC 互联网和数字经济方法 ………………………………（20）
　　三、其他 APEC 互联网和数字经济相关议题 ……………………（21）

第二章　APEC 与妇女 ………………………………………………（22）
第一节　全球妇女参与经济状况 ……………………………………（22）
　　一、劳动参与率的差别仍然很大 …………………………………（22）
　　二、在全球大部分地区，女性比男性更有可能失业 ……………（24）
　　三、发展中国家女性弱势就业的情况更为严重 …………………（24）
　　四、在新兴国家和发展中国家，仍有大量女性从事非正规劳动 …（26）
第二节　中国妇女参与经济状况 ……………………………………（26）
　　一、妇女就业规模继续扩大 ………………………………………（27）
　　二、女性专业技术人员持续增加 …………………………………（27）

  三、执行《女职工劳动保护特别规定》的企业比例继续提高 …………… (27)
  四、农村贫困妇女人数大幅度减少 ……………………………………… (27)
  五、对贫困妇女的保障力度不断加大 …………………………………… (28)
  六、妇女参与企业经营管理方面的比例也在稳步提高，越来越多的
    女性打破职场"玻璃天花板"，成功进入企业的领导级别 ………… (28)
  七、性别收入差距依旧，薪酬涨幅差异明显 …………………………… (28)
 第三节 APEC成员体妇女参与经济活动情况 ……………………………… (28)
  一、PPWE（APEC妇女和经济体政策伙伴关系） …………………… (28)
  二、APEC发达成员体 …………………………………………………… (30)
  三、APEC发展中成员体 ………………………………………………… (30)
 第四节 趋势分析与展望 …………………………………………………… (31)
 主要参考文献 ………………………………………………………………… (33)

第三章 APEC与中小企业发展 ……………………………………………… (34)
 第一节 中小企业工作组的由来及发展历程 ……………………………… (34)
  一、APEC中小企业工作组及由来 …………………………………… (35)
  二、APEC中小企业工作组的发展历程 ……………………………… (36)
 第二节 APEC中小企业组的主要活动及成绩 …………………………… (36)
 第三节 APEC地区中小企业的发展现状 ………………………………… (37)
  一、中小企业在APEC中有重要作用 ………………………………… (37)
  二、APEC各成员体内中小企业发展面临诸多制约因素（现状） …… (40)
 第四节 趋势分析与展望 …………………………………………………… (42)
 主要参考文献 ………………………………………………………………… (43)

第四章 整合4.0 ……………………………………………………………… (44)
 第一节 背景及内涵概述 …………………………………………………… (44)
  一、背景 …………………………………………………………………… (44)
  二、内涵 …………………………………………………………………… (44)
 第二节 中国整合4.0发展现状 …………………………………………… (45)
 第三节 APEC成员体4.0发展实践 ……………………………………… (46)
  一、美国 …………………………………………………………………… (46)
  二、日本 …………………………………………………………………… (46)
  三、韩国 …………………………………………………………………… (46)
  四、泰国 …………………………………………………………………… (47)
 第四节 农业4.0展望 ……………………………………………………… (47)
 主要参考文献 ………………………………………………………………… (48)

第五章　APEC数字经济 (49)
第一节　数字经济内涵、基本特征及发展回顾 (49)
　　一、数字经济的内涵 (49)
　　二、数字经济的基本特征 (50)
　　三、数字经济发展回顾 (50)
第二节　APEC数字经济发展历程、重点议题及主要任务 (52)
　　一、APEC数字经济发展历程 (52)
　　二、APEC数字经济建设重点议题 (54)
　　三、APEC数字经济发展主要任务 (58)
第三节　APEC数字经济发展比较分析 (59)
　　一、APEC发展中成员体数字经济发展状况 (59)
　　二、APEC发达成员体数字经济发展状况 (63)
　　三、主要国际组织数字经济发展比较 (66)
第四节　APEC数字经济发展的未来趋势 (69)
　主要参考文献 (70)

第六章　农业可持续发展 (71)
第一节　可持续发展及其目标 (71)
　　一、可持续发展理念 (71)
　　二、农业可持续发展的目标与关键议题 (72)
第二节　粮食安全与农业可持续发展面临的挑战 (72)
　　一、气候变化 (75)
　　二、资源约束 (76)
　　三、环境污染与生境退化 (79)
　　四、需求增长与粮食损失 (81)
第三节　实现APEC农业可持续发展的重要举措 (82)
　　一、提升农业适应和减缓气候变化的能力 (82)
　　二、可持续性的农业资源与环境管理 (83)
　　三、促进农业投资和贸易便利化 (84)
　　四、促进粮食生产和消费方式转变 (85)
　　五、农业减贫和包容性发展 (86)
　主要参考文献 (87)

第七章　城乡协调发展 (88)
第一节　城乡协调发展的背景 (88)
　　一、城乡一体化 (88)

二、小农经济 …………………………………………………… (89)
　第二节　中国城乡协调发展状况 …………………………………… (90)
　　一、乡村振兴 …………………………………………………… (90)
　　二、美丽乡村 …………………………………………………… (91)
　　三、中国城乡协调发展案例分析 ……………………………… (92)
　第三节　APEC 城乡协调发展案例分析 …………………………… (95)
　　一、发达成员体典型案例分析 ………………………………… (95)
　　二、发展中成员体典型案例分析 ……………………………… (98)
　第四节　展望 ………………………………………………………… (106)
　主要参考文献 ………………………………………………………… (107)

第八章　绿色农业 ……………………………………………………… (108)
　第一节　绿色农业的发展历程与基本内涵 ………………………… (108)
　　一、国际绿色农业的兴起与发展 ……………………………… (108)
　　二、中国绿色农业的发展历程 ………………………………… (108)
　　三、绿色农业的基本内涵 ……………………………………… (110)
　第二节　中国绿色农业发展态势 …………………………………… (111)
　　一、主要成效 …………………………………………………… (111)
　　二、管理体制 …………………………………………………… (116)
　　三、政策支持框架 ……………………………………………… (119)
　第三节　中国绿色农业发展试验示范 ……………………………… (121)
　　一、农业绿色发展五大行动 …………………………………… (121)
　　二、国家农业可持续发展试验示范区（农业绿色发展先行区） …… (123)
　第四节　APEC 成员体绿色农业发展实践 ………………………… (126)
　　一、美国 ………………………………………………………… (126)
　　二、澳大利亚 …………………………………………………… (127)
　　三、日本 ………………………………………………………… (129)
　第五节　绿色农业展望 ……………………………………………… (130)
　　一、绿色农业发展面临的机遇与挑战 ………………………… (130)
　　二、绿色农业发展的趋势判断与未来展望 …………………… (131)
　　三、APEC 绿色农业合作发展倡议 …………………………… (131)
　主要参考文献 ………………………………………………………… (133)

第九章　农业技术创新与合作 ………………………………………… (135)
　第一节　智慧农业（ATCWG） …………………………………… (135)
　　一、智慧农业的内涵、特征及发展历程 ……………………… (135)

二、智慧农业在中国的发展现状 ………………………………………… (136)
　　三、APEC智慧农业发展典型案例 ………………………………………… (137)
　　四、APEC智慧农业发展的主要障碍及未来展望 ………………………… (140)
　第二节　农业生物技术创新与合作（HLPDAB） ………………………… (141)
　　一、亚太地区农业生物技术的发展现状 ………………………………… (141)
　　二、基因组编辑技术 ……………………………………………………… (141)
　　三、农业生物技术的安全评价与监管政策 ……………………………… (142)
　　四、农业生物技术领域的公私合作（PPP） …………………………… (142)
　第三节　农业技术合作 ……………………………………………………… (142)
　主要参考文献 ………………………………………………………………… (143)
附件 ………………………………………………………………………… (144)
　亚太经合组织第五届粮食安全部长会议 …………………………………… (144)
　Fifth APEC Ministerial Meeting on Food Security：PuertoVaras，
　　Chile，23 August 2019 ……………………………………………… (148)
缩写表 ……………………………………………………………………… (153)

第一章 2019 年 APEC 工作重点

第一节 可持续发展

在我们的经济增长并采用新的数字技术的同时，我们认识到，亚洲太平洋经济合作组织（Asia-Pacific Economic Cooperation，APEC）已经促进了贸易和投资，并通过区域经济一体化制定了政策，推动了亚太地区经济强劲增长。尽管如此，我们承认在应对其确保 21 世纪可持续的增长平台建设方面面临挑战。APEC 需要加大努力，确保区域经济发展，以兑现改善人民生活的承诺。此外，我们面临的环境挑战要求我们以一种平衡和可持续的方式，通过改变我们目前的经济活动作为反应。今天，我们比以往任何时候都更需要把精力放在减少浪费和污染、开发更清洁和更有效的能源，以及在建设宜居和健康的智慧城市的城市基础设施方面取得更多进展等关键问题上做出努力。2019 年，智利把重点放在发展的本质上。以人为本的经济增长：平衡、包容、可持续、创新和安全。这是一种面向全体人口的增长，以人们对环境和后代友好的方式关注生活质量。在前几届东道主工作的基础上，我们将把工作重点放在以下关键领域，例如，非法捕捞和海洋垃圾对海洋造成的影响；可持续和清洁能源；推动智慧城市共同标准的发展。

一、保护海洋和海洋生态系统

海洋是亚太经合组织区域重要的发展空间。海洋经济已成为 APEC 各经济体重要的经济增长点。为加强海洋在社会经济发展中的服务与保障功能，在 APEC 框架下设立海洋领域的合作机制，对于加强国家、地区间的区域合作，保障海洋生态安全，促进海洋经济可持续发展，提高海洋开放和综合管理能力具有重要意义。在全球和区域范围内的主要里程碑中，以及 APEC 在海洋相关问题上取得的成就，智利提出了一些提案，如《厦门宣言》，2014 年通过的部长声明《通过亚太地区海洋合作建立新伙伴关系》确认了四个重点优先领域：一是沿海和海洋生态系统保护和抗灾能力；二是海洋在粮食安全和粮食有关的贸易方面的作用；三是海洋科学、技术与创新；四是蓝色经济。使用"蓝色经济"一词来描述太平洋的巨大水产养殖产量（约占全球水产养殖产量的 80%）。在瓦尔帕莱索会议上举行了及时保护我们的海洋（2015年）。在这次会议上，智利宣布决定在太平洋复活节岛附近建立一个海洋保护区，以保护它免受威胁，包括过度捕捞、污染和海洋垃圾。鼓励加强区域合作，实现到2020年至少10%的沿海和海洋得到保护。将通过实现保护和管理，在减少和减缓海洋污染方面开展合作，恢复海洋健康的同时，实现沿海和海洋可持续利用的利益最大化。

1. 妥善处理海洋垃圾

世界上五大海洋碎屑堆积带中的两个（或称"垃圾带"）都位于太平洋。北太平洋垃圾带和南太平洋垃圾带分别为最大垃圾带和第三大垃圾带。每年大约有800万吨塑料进入世界海洋。据估计，太平洋40%的海洋塑料来自亚洲。海洋中的大部分塑料来自陆地。大约90%的塑料是从河流进入海洋。海洋垃圾影响沿海生态系统的生命、海洋运输和人类健康。在各种各样的海洋垃圾中，塑料已经成为人们关注的焦点，因为它在环境中存在了400多年。生产出来的塑料大部分是不可回收的，而且大部分都进入了海洋。我们还不了解对海洋生物和人类健康造成的危害的全面影响。这就需要共同努力减少和消除来自陆地的垃圾，并清理海洋中已经积累的垃圾。海洋垃圾监测对于改善保护和确定预防政策十分重要。应改进废物管理办法。这可以通过以下途径实现：实施收集系统；加大回收力度；为不可回收塑料建立废物转化能源工厂；清除河流中堆积的塑料；禁止某些类型的塑料。汞（Hg）是一种具有全球重要性的污染物，对生态和人类健康产生负面影响。环境中汞的浓度显著增加，海洋是汞的主要储藏地之一。

为减少人类对汞的接触，改善受汞污染鱼类和动物的健康，应逐步停止使用非必需的含汞产品。我们必须引进处理、使用和处置剩余含汞产品的新的安全方法。2019年，智利希望制定一个试点项目，监测整个沿海地区的海洋垃圾，目的是推动我们的工作向区域标准迈进。此外，我们将促进无汞产品的商业化。

将要开展的活动及预期结果：举办促进贸易的研讨会，取代汞的产品，以减少海洋污染，制定技术指南，促进无汞产品的商业化。

2. 阻止非法捕捞

太平洋是地球上最大的海洋。APEC成员分布在环太平洋地区，占全球鱼类产品消费量的70%，占全球水产养殖产量的90%，占全球捕捞渔业总量的65%以上。世界十大鱼类生产国中有9个是APEC经济体。非法、未报告和无管制捕鱼做法（illegal, unreported and unregulated，IUU）的灾难和威胁正成为全球关注的问题。IUU捕鱼对鱼类种群和海洋生态系统产生负面影响。它扭曲了全球鱼类贸易和粮食安全。海洋资源和渔业顾问公司（2016）估计全球IUU捕鱼成本在100亿~230亿美元。该研究还发现，在亚太地区，金枪鱼渔业的IUU活动约为收获或转运的306 440吨。鉴于该区域的IUU捕鱼规模，智利建议评估每个经济体目前的 IUU 措施，以确定趋同的领域和最佳做法。这将使我们能够朝着果断和集体行动的方向努力。

将要开展的行动及预期结果：举办打击 IUU 捕鱼信息共享研讨会（2019 年 5 月），确定趋同的领域和打击 IUU 捕鱼的最佳做法，并拟订一套建议（在 SOM1 和 SOM3 之间）；领导人指示各成员制定趋同和兼容的行动计划，打击亚太经合组织区域内的非法捕捞。

二、可持续能源

推动 APEC 地区清洁、可承受的电动能源发展

降低经济增长对能源的依赖，这对环境和我们的经济至关重要。APEC 地区约占世界能源需求的 60%，拥有世界五大能源消费国中的四个。2013 年，该地区能源消耗相当于 80 多亿吨石油，能源净进口超过 650 万吨石油，其中 90% 为石油。能源合作已成为亚太经合组织日益重要的议程项目。今天，我们看到技术的发展和新的技术措施对能源的生产、传输和分配产生了积极的影响。廉价和清洁的能源直接影响经济活动、环境和社会的总体福利。交通运输在经济发展中起着至关重要的作用。除了需要有安全、方便和有高效的运输系统之外，今天的运输系统也必须是可持续的。由于努力，APEC 的能源系统目前正经历着深刻的技术变革。工具和监管政策是促进新技术部署的基础。领导人应指示官员们就 2011 年《APEC 经济领导人宣言》（APEC EconomicLeaders' Declaration）提出的到 2035 年将 APEC 总能源强度从 2005 年基础上迅速降低 45% 的政策达成共识，并就有效利用和配置能源达成新的目标。智利致力于支持亚太经合组织的所有倡议，使我们能够走向一个更加可持续的世界，在这方面，使用可再生能源至关重要。因此，我们已确定"可持续能源"将是我们这一年的优先事项。2019 年，智利将主办能源工作组会议，并致力于加强推广清洁和廉价的能源，并继续致力于在亚太地区开发电动汽车的潜力。

将要开展的行动及预期结果：举办偏远地区促进能源解决方案研讨会（2019 年 5 月）；举办一场关于为电力系统提供灵活性的技术的挑战和机遇研讨会（TBC，2019 年 5 月）；向领导人提出任务，实现节能减排新目标，目的是推动亚太经合组织成员实现 2030 年目标。。

三、设置智慧城市通用标准

2007 年，有史以来第一次，世界上大部分人口居住在城市——33 亿人。到 2050 年，多达 80% 的地球总人口，即 64 亿人，将生活在城市地区。城市将继续成为经济增长的中心；综合服务、协调系统和规模经济的力量也将如此。智能技

术使我们能够更准确地监测和评估我们与自然和人造环境的互动方式。亚太地区为实现全面增长、繁荣和进步所作的努力，必须包括促进亚太经合组织城市包容性增长合作，推进创新和可持续的城市基础设施建设，以及建设智能和绿色城市——这些城市具有前瞻性、宜居和健康。在以往工作的基础上，智利希望在2019年将重点放在治理等领域——综合服务、问责制、自治治理；交通和基础设施——以及高效的网络、拥堵管理、事故预防、减少环境影响；建筑和公共空间，以分享在APEC地区实施智慧城市的最佳实践。

将要开展的行动及预期结果：发布调查并收集与智慧城市有关的管治、交通、基建和环境标准信息。在第三次部长级会议间隙举办APEC智慧城市研讨会，讨论制定APEC地区智慧城市标准的最佳实践（针对相关工作小组：CTI-TPTWG-SCSC），找出符合智慧城市城市规划发展的最佳做法和共同标准。

四、APEC矿物部门的可持续发展

在全球许多经济体中，矿物资源的开发对其经济增长有着重要的贡献。在亚太地区，矿物资源的可持续发展被认为是经济持续发展的基础。从区域前景看，亚太地区拥有丰富的矿物资源，并且是全球矿物生产与加工的领军者。丰富的天然资源与人力资本、知识资本和经济规模有力的结合在一起，让这一区域成为充满高度吸引力的国际资源投资市场。APEC除了作为一个主要的矿物和金属来源外，该区域还包含了一个最有活力的经济体，它们是近年来全球矿物消费量大幅增加的基石。在APEC内部，各成员经济体拥有多元化矿物以及多元的经济、机构和政治体制。尽管由于APEC各经济间多样性的存在，区域内矿产资源可持续发展却仍然与经济、环境和政策接受度相关的矿产勘探与开发方式有着很明显的关联。

第二节　整合4.0

物质上、制度上和人与人之间的互联互通对贸易至关重要，APEC和其他论坛正在为促进这一互联互通做出许多努力。然而，连接是实现最终集成的一种手段。在21世纪，全球化已成为现实，这种现实只会加速和深化，因为即使在远离中心的偏远地区也会日益一体化，从而改变了企业、工人和消费者互动的方式。快速、无所不在是新时期的主要特征。这要求全球生产线与分散在不同大陆的生产单位进行协调。各国政府已经做出了反应，但仍缺乏灵活性和数字化。集成4.0是第四次工业革命的基础，它期待一个对时间和空间感知进行调整的数字化世界。在一个数据驱动、物流依赖和机器中介的时代，人员、商品、服务、资

本、知识、技能、技术和数据的无摩擦流动正在建立一套新的比较优势。互联互通为社区保护、现代化建设、经济发展铺平了道路,是实现互联互通的必要条件,但还远远不够。与以优惠待遇为基础的、以关税为中心的第一代20世纪互惠协定不同,新一代协定呼吁建立一个贸易政策和区域一体化的新时代,旨在减少摩擦,促进边境内外的运输。畅行无阻的贸易本质上是非歧视性的。它使每一个参与者受益,并通过不考虑出身或"另一方"而成为一种公共利益。今天的比较优势是动态的,并将随着"多方"支持的网络效应而发展。这个世界上,地理位置不再是有效支持的要素——因为它们全都变成了可移动的(自然资源除外),或者通过优惠的市场准入。最后,那些最有效地整合纵向和横向价值链的经济体将更具竞争力。集成4.0的下一代问题要求打破传统贸易协定的框架。贸易便利化、海关协调、边境管理自动化、监管趋同、下一代贸易和投资问题、参与全球价值链、人员和知识流动,以及对基础设施(如数据高速公路)的投资,比以往任何时候都更加重要。政府将以一种前所未有的方式对本国企业的比较优势和竞争优势产生影响。供应链上的相互依赖要求各经济体之间合作,而不是竞争。一体化始于商品的市场准入,覆盖面有限。现在,我们达成了更全面的协议,数字时代正在改变我们整合的方式。未来是沿着集成网络进行全局优化。由相互关联的公司组成的网络专注于不同的任务,为最终的多源产品增加价值。随着网络效应惠及生态系统的每一个成员(无论其位置如何),增长变得全球化并呈指数增长。

集成4.0支持供应链整合,带来政治、经济、法律等方面的挑战,呼唤供应链自由化的新时代。这将影响集成4.0的下一代的贸易谈判学科以及使国际监管架构与技术变革所需的承诺。在贸易政策方面,它将奖励协调一致的措施。APEC作为一个统一的、多元化的区域论坛,能够影响其成员,因此,它有能力讨论"集成4.0"并展示最佳实践。有几项倡议旨在全球和区域范围内促进更广泛和更深入的一体化。以下是参考智利的建议:《世界贸易组织贸易便利化协定》(Trade Facilitation Agreement,TFA):自2017年2月起生效,经所有APEC各经济体批准,其中包括加快货物(包括过境货物)的运输、放行和清关,并为海关之间的有效合作制定措施。《APEC 2015—2025年互联互通蓝图》(APEC Connectivity Blueprint,ACB):在过去倡议和当前活动的基础上,为推进亚太互联互通建设指明道路。《APEC促进全球价值链发展与合作战略蓝图》:通过促进合作活动,为全球价值链发展提供有利环境,减少影响全球价值链的贸易和投资壁垒。《APEC供应链互联互通框架行动计划》(Supply Chain Connectivity Framework Action Plan,SCFAP):旨在改善供应链的互联互通,解决各经济体在海关手续、运输和服务基础设施、物流服务、监管合作等方面的障碍;发展电子商务的基础设施和监管。《北京路线图之APEC对实现亚太自由贸易协定的贡献》：2014年被领导人批准，对最终实现亚太自由贸易协定做出了全面、系统的规划。《2016年APEC领导人关于亚太自由贸易协定的利马宣言》：提出总体目标和原则，并就实现亚太自由贸易协定的进展情况建立向领导人报告机制。《长滩岛中小微企业全球化行动议程》：旨在以中小微企业为重点，推进贸易便利化，简化海关监管，促进合规，帮助中小微企业融入国际市场。《APEC海关3M战略框架》：源自"管制互认、执法互助、信息共享"，推进APEC海关合作。

一、加强APEC成员体融入全球价值链

2013年，APEC领导人同意在现有论坛互联互通工作基础上，推动全球价值链发展与合作。2014年，一项"战略计划"（蓝图）获得批准。五年之后，是该按顺序审查执行过程的时候了；确定进展和差距，使它的新举措与APEC的其他领域工作相结合。这将允许我们描绘出一个全面战略和具体的工作计划，重新审视和改进已实现的最初目标蓝图和其他正在进行的工作，如关于中小微企业全球化的长滩岛行动纲领和世贸组织贸易便利化协议，旨在解决影响全球价值链的新问题。

2013年，APEC领导人同意在之前互联互通工作的基础上，进一步推动亚太地区全球价值链发展与合作。为直接落实领导人指示，APEC经济体同意制定《推动全球价值链发展合作战略蓝图》，并达成以下共识：应对影响全球价值链发展的贸易投资壁垒；认识服务贸易在全球价值链中的关键作用；启动APEC全球价值链数据统计合作；使发展中经济体更好地参与全球价值链；帮助中小企业从全球价值链中获益；改善投资环境；采取有效的贸易便利化措施；鼓励公私合作促进全球价值链发展；加强与其他利益相关方关于全球价值链的合作。将要开展的行动及预期结果：总结APCE迄今为促进发展中经济体和中小微企业在参与全球价值链所做的工作和主要举措。其目标是评估政策差距，并考虑影响全球价值链的其他新问题，为更大程度和更有效地融入全球价值链而精简工作。组织政策对话，讨论评估结果，并提出一系列可促进发展中经济体参与全球价值链的公共政策，包括推进APEC贸易增加值数据库的开发与实施；提交《关于进一步融入全球价值链的瓦尔帕莱索行动计划》，以简化APEC工作，提高各经济体参与全球价值链的工作。

二、智慧边界

1. 促进APEC贸易电子窗口系统的互通性

APEC经济体认识到贸易电子单一窗口（Trade Electronic Single Windows，

ESW）对促进、简化和提高贸易文件透明度的重要性。通过国际互操作性体系全面推进 ESW 互操作性，将有利于区域贸易，支持全球价值链、中小微企业和发展中经济体的倡议。由于各经济体处于实施 SWS 的不同阶段，我们的目标是灌输一种信任气氛，以加强对安全、隐私、保密、协调和标准化等问题的辩论。

将要开展的行动及预期结果：根据《单窗口系统国际互操作性：实施的关键问题研究》的结论，使用区块链或其他技术进行试点，展示信任、效率和有效性以及可用性和可伸缩性；2019 年举办研讨会，讨论该工作的进展情况（SCCP & CTI in the margins of SOM3，2019）制定 APEC 手册，其中包含单窗口互操作系统的标准。

2. 促进 APEC 电子商务发展

目前我国电子商务的发展正处在走向成熟的阶段。电子商务的实质是数据在流通环节的交换。这一实质决定了电子商务的发展必定要同传统产业结合起来，并以信息和网络技术优化和改造企业的传统生产和流通等环节。电子商务的发展将重点讨论网络安全、跨国贸易单证处理、无纸贸易、能力建设等方面的问题。怎样推动我国电子商务发展的进程，以及怎样通过网络和计算机技术提高我国企业的竞争力是我国政府部门促进电子商务发展的工作重点。

APEC 电子商务工商联盟是中国参与亚太地区电子商务发展，推动亚太地区经济贸易发展的积极举措。联盟的成立为 APEC 成员经济体政府推动电子商务和无纸贸易在工商业也为发展创造了更好的空间，同时也为成员经济体政府了解工商业发展电子商务的需求和建设构筑了桥梁。APEC 电子商务联盟致力于推动 APEC 成员经济体电子商务发展的环境建设，联合成员经济体共同探讨电子商务有关的法律法规如电子签名法、消费权益法以及亚太地区电子商务发展趋势；促进亚太地区贸易便利化，致力促进 APEC 成员经济体之间的电子商务和无纸贸易的发展以及促进亚太地区电子商务能力的建设，切实推动 APEC 各成员经济体经济贸易的发展。

三、智慧物流

未来的竞争是供应链与供应链之间的竞争，核心是物流，它会带动商流、信息流与资金流。在互联互通的时代，物流市场将越来越细分，需求越来越多样化，谁能掌握这种核心需求，谁就能在这场竞争中胜出。物流的发展，将改变未来。APEC 通过发展物流，促进经济的增长；通过加强全方位基础设施和互联互通建设，实现亚太物流一体化。而建设亚太物流一体化将积极推进亚太自贸区建设，支持多边贸易体制，促进全球供应链的合作。

1. 提升对 APEC 授权经济操作程序的理解力

授权经济经营者（Authorized Economic Operator，AEO）计划为国际贸易提供便利，并使参与贸易活动的私营和公营机构受益。发展以促进 AEOs 和中小企业利用 AEOs 为重点的合作项目，是亚太地区的良好机遇。合作将使实施 AEOs 的经济体能够从最佳实践和经验中学习，特别是在适应中小企业特点方面。

将要开展的行动及预期结果：举办研讨会，交流最佳实践，并建议举办技术培训活动，让中小企业更容易取得资讯（SOM1，2019）；制定符合中小企业 AEO 认证要求的良好实践手册。

2. 采用 AEO 程序标准鼓励成员体互认协议

APEC 地区是世界上 AEOs 数量最多的地区。这就需要 APEC 共同努力，确保这些项目在 APEC 内部得到相互认可。AEO 的互认协议是 APEC 海关程序小组委员会议程的重要组成部分，适用于技术性辩论，但我们的目标是将讨论提升至 SOM（Senior Officials Meeting，SOM）级别，并确保部长级别的承诺。制定 APEC 各经济体 AEO 项目的共同标准，将有助于实现亚太自由贸易协定。

将要开展的行动及预期结果：对各 APEC 经济体内部不同的 AEO 项目进行评估，确定共同要素和最佳做法。总结 APEC 各经济体迄今签署的行动报告监测体系，找出差距和机遇提交一份包含这些研究结果的文件草稿，供海关程序分委会（Sub-committee on Customs Procedures，SCCP）讨论，并随后提交贸易投资委员会（Committee on trade and investment，CTI）；高官会议就这两个问题进行了讨论，并向 APEC 各成员部长提出建议，同意 AEO 项目的共同标准，鼓励 APEC 经济体间采用相互认可协议（Mutual Recognition Agreement，MRAs）。

3. APEC 海关运输转运实践与管理

海关程序分委会（SCCP）于 2014 年通过了《APEC 海关过境指引》，并一直致力于在 APEC 经济体中这些工具的实施问题。今天，各成员经济体需要考虑重新制订这些准则，并给予它们一种新的内容办法，其中考虑到不改变过境货物问题的关键因素和文件要求。发展通用标准，指导运输和转运条款对未来自由贸易协定也是一个机会，可利用 APEC 经济体承诺这一领域的工作和贡献将自由贸易区的构想转化为具体的步骤。

将要开展的行动及预期结果：提交一份文件草案，建议修订《过境指南》，以便在海关程序分委会（SCCP）上讨论，并随后提交至交贸易投资委员会（CTI）；举办研讨会，交流最佳做法，并建议举办技术培训活动，让中小企业更容易取得资讯（SOM3，2019）；高官会议就这一问题进行了讨论，并建议部长们就 APEC 成员未来自由贸易协定的过境和转运规定达成共识。这也是一个为拟议框架做出贡献的机会，以实现亚太自贸区。

四、智慧贸易

1. 整合良好管理实践,制定亚太自贸区章程

在区域贸易协定(Regional Trade Agreements,RTAs)中制定良好监管实践规定是一项重大创新,已在全球和 APEC 各经济体广泛开展。良好监管实践(Good Regulatory Practices,GRP)是涵盖贸易和投资的下一代问题,对集成 4.0 至关重要。在制定规则的过程中,通过监管影响评估(Regulatory Impact Assessments,RIAs)进行国际监管合作(International Regulatory Cooperation,IRC)是促进贸易和减少非关税壁垒(non-tariff barriers,NTBs)的一个重要工具。

国际监管合作(IRC)提供了一个框架,确保法规的限制性不超过公共政策目标(自由贸易协定和世贸组织协定的目标)所需的限度。在 APEC 范围内,若干经济体已将关税审议委员会作为其产品组合的一部分,因为它们是解决包括非关税措施在内的规则制定过程的贸易影响的工具,从而确保它们不会成为经认可的《APEC 关于非关税壁垒的交叉原则》所确定的非关税壁垒。通过不断地良好监管实践并关注国际监管合作(IRC),APEC 将有利于实现亚太自由贸易区,并为下一代贸易和投资(NexGenTI)奠定基础。APEC 将给出一系列建议,指导经济方法在发展良好监管实践(GRP)中需求,实现现有的双边或区域贸易协定的规定,并建立一个共同理解的最佳实践在国际监管合作(IRC)可能包括一个监管影响评估(RIAs)框架的发展。这些建议将补充在贸易投资委员会(CTI)和标准一致化分委会(SCSC)以及经济委员会协调下关于和良好监管实践(GRP)的现有工作。

将要开展的行动及预期结果:提交一份概念说明,并分发一份供各经济体批准的盘点模板;在每个 APEC 经济体内开展"APEC 良好监管实践盘点",确定共同方法和最佳实践。向标准一致化分委会(SCSC)提交一份载有调查结果和一系列建议的文件草案,并随后向贸易投资委员会(CTI)提交,以供亚太自由贸易区(FTAAP)章节模式的指导参考作为讨论和批准。

2. 推动亚太地区区域一体化

APEC 论坛一直致力于推动区域一体化的建设。尽管多年来采取了各种方法来实现相关目标,但区域一体化进程的切实推动并未如多数商业人士所预期的迅速。当前的讨论主要集中在亚太自贸区(FTAAP)的建立上。目前有四项区域计划正在推进,这些计划或许可以在不同程度上为区域一体化提供一系列"构件":东盟经济共同体、拉丁美洲太平洋联盟、正在谈判中的跨太平洋伙伴关系以及区域全面经济伙伴关系。

尽管此类计划一旦实施都将会为区域商业带来积极的影响,但现在应该把目标放得更长远，关注如何推动全面亚太自贸区的建立，这将有力巩固并成倍放大区域协定带来的经济成效。在中国举行的亚太经合组织经济领袖会议为区域领导提供了规划未来发展路径的机会，以指引各国在区域计划的基础上走向真正的一体化，进而实现亚太自贸区目标。

从太平洋地区经济理事会的独立商业视角来看，亚太经合组织需要认真考虑制定一份清晰可行的计划，以实现区域经济一体化的关键目标。太平洋地区经济理事会认为，亚太自贸区愿景应包含下列基本过渡目标：应对区域经济差异，解决贫困问题，并帮助欠发达经济体迎头赶上；通过协调合作完善监管环境，以抑制有意或无意的保护主义，因为保护主义往往是监管的副产物；投入更大力量推动地区可持续发展，提高透明度；最后，美国和中国是亚太自贸区架构的关键，当前正是两国针对这一目标展现自身领导力的好机会、随后的中美领导人峰会应明确阐述双方合作推动亚太自贸区建立的共同承诺。

五、人才

提升 APEC 地区人才流动性

合理的人才流动是亚太地区实现区域经济一体化的必要条件。这不仅有利于企业有效地跨区域调动人力资源；同时，个体劳动者也有机会根据自身技能在整个亚太地区寻找就业岗位。根据亚太地区人口统计资料显示，劳动力的流动性有待加强。人员流动和人与人之间的互联互通经常受到跨境技能认可障碍的限制。如今，移民流动、自动化和所谓的"极客经济"（为按需工作提供技能的数字市场）加速了 APEC 经济体的人口迁移潮。APEC 各成员体的工作许可和签证标准差别很大。另一方面，一些经济体成功地利用特殊签证项目吸引人才，以填补特定的技能缺口。我们有机会在区域层面加强这一工作，增加 APEC 地区的就业机会。提高技能的可转移性对工人、企业和整个经济都有积极的好处。各经济体可以考虑在现有承诺的基础上，通过跨境培训交流和技能流动，提升人文交流合作项目。我们建议 APEC 对亚太地区"工作和度假"签证、智能签证等倡议进行全面评估。这将有助于我们的经济体对本地区的这类机制达成共识，以加强 APEC 成员之间的人文交流和一体化，并利用这些数据改善 APEC 内部职业市场信息的关键方面。

将要开展的行动及预期结果：收集 APEC 经济体之间与签证技能项目有关的信息（intersessional between January and April 2019）；组织研讨会讨论和分析收集到的数据确定差距和机会，并考虑到不同的协议在 APEC 区域内分享关于边境一体化进程的国内最佳实践；制定一个纲要，包括在促进跨境人员的流动和 APEC 成员经济体签证技能项目的最佳实践，促进 APEC 地区技能流动的信息共享；

APCE 成员应努力促进专业资格的相互认可，同时确保维持适当的认可标准。在有可能实现这一目标的专业领域，亚太各国的专业资格要求应当协调统一；APEC 组织应该考虑出台具体措施，为福利迁移提供便利，从而减少这种有可能阻碍人次流动的因素；延长专业技术人员的居留期限。

在 APEC 环境下，各国还有相当大的空间促进科研人员的流动，提高科研的协作力度，以帮助 APEC 实现区域一体化与技术合作的目标。为此，研究呼吁 APEC 经济体各成员应加深彼此的经验分享，推动更多的合作项目，提供更多的资金支持以促进科研人员的流动。同时研究也呼吁区域组织、研究机构等通过政策手段、行动计划等方式鼓励和支持科研人员增加流动。

第三节　妇女、中小企业和包容性增长

参与全球经济是 APEC 的核心工作，APEC 地区反映的是一个经济发展水平差异很大、广泛多样化的人口群体。APEC 的价值主张是展示如何加速区域经济一体化，如何能够为所有人口阶层带来整体、包容的、可持续的、创新的和有保障的增长。从某种意义上说，使妇女和中小企业更多地参与经济已成为一项日益重要的优先事项。这些组织要求我们注意克服结构性障碍，这些障碍使它们无法参与我们的经济并增加它们对全球市场的参与。同样，这些组织代表着一个确定新的增长来源并为它们创造新的和有活力的经济机会。

一、妇女议题

在发达国家和发展中国家，包容性增长是发展的核心，是妇女经济赋权成功的基础。即使经过几十年的进步，女性参与劳动力市场的能力仍然比男性低 27%，而职业就业的性别差异依然存在。妇女在获得技术方面仍然落后于男性，这限制了她们充分发挥经济潜力的能力。我们必须解决阻碍妇女参与劳动力市场的各种制约因素，这反映在收入、职业部门、流动性和获得数字红利方面。根据国际劳工组织（the International Labor Organization，ILO）的说法，提高妇女的就业能力是减少贫穷的一个关键因素，因为它确保经济增长利益更广泛地分配。经合组织的研究更进一步指出，增加妇女在劳动力中的参与，会使经济增长更快。联合国的一份报告指出，在整个亚太经济体系中，每年限制妇女参与劳动的成本估计为 890 亿美元。另一方面，2016 年麦肯锡全球研究所的一份报告显示，越来越多的女性参与劳动力市场对全球经济增长可能会增加 12 万亿美元，如果妇女在劳动力市场中有与男性平等地位，这个数值将上升至 28 万亿美元。包容性增长不仅带来了显著的宏观经济收益，而且还增强了业务成果。彼得森国际经济

研究所（Peterson Institute）和安永（Ernst & Young）（2016）对91个州的2.1万家上市公司进行了研究。研究发现，增加更多的女性高管提高了企业的盈利能力。麦肯锡公司（McKinsey & Company）（2017）的一项研究发现，高管层性别差异较大的公司，其盈利能力超过所在行业平均水平的可能性要高出22%。

1999年，APEC领导人认识到性别是一个贯穿各领域的主题，并致力于采取行动将妇女纳入APEC的主流进程和活动。10年后，即2011年在美国旧金山举行的首届APEC妇女与经济峰会上，公共和私营部门聚在一起讨论妇女经济潜力的重要性。峰会上通过了《旧金山宣言》（the San Francisco Declaration）。同年，APEC妇女政策伙伴关系和经济工作组（the APEC Policy Partnership on Women and the Economy Working Group，PPWE）成立，目的是促进亚太地区妇女的经济一体化，责任协调论坛其他工作组的性别活动。2014年，APEC部长们鼓励各成员体制定自愿、可衡量和雄心勃勃的目标，旨在妇女经济一体化方面取得进展。特别是到2020年底，促进妇女担任领导职务。每年，APEC主办经济体、PPWE和工商咨询理事会（the APEC Business Advisory Council，ABAC）都会组织妇女与经济论坛（the Women and Economic Forum，WEF）。在这次会议上，APEC部长、商界领袖和专家注意到为促进妇女问题和经济议程正在采取的行动。

1. 提升妇女在非贸易部门参与度

性别隔离，指妇女集中在特定的职业和行业，如教育、家庭服务、社会服务和保健等，这些阻碍了包容性的经济增长。自2015年以来，《APEC妇女参与交通运输数据框架和最佳实践倡议》（the APEC Women in Transportation Data Framework and Best Practices Initiative）制定了促进妇女在交通运输领域就业和参与的政策和实践。政府和企业正进一步更新相关信息，目的是努力增加妇女在运输领域的参与度。

将要开展的活动及预期成果：为了推动所取得的进展，智利建议制定一套"行动战略工具包"，以协助各经济体制定和实施有效的性别多样化战略。其目的是在传统上由男性主导的行业，特别是采矿业、运输业和能源业，吸引、留住和提拔有才能的女性。编写一份评估报告，概述妇女在各个部门的参与情况、妇女目前面临的障碍、最佳组织做法和增加参与的好处、同步结果表和其他APEC相关措施。举行公开/私下的对话进行讨论，并评估结果并确定优先次序（TBC，PPWE在SOM2的期间），研讨会将在安托法加斯塔（Antofagasta）举行，在加拿大的背景下，智利妇女参与矿业项目。提交一个以供讨论和批准的最终行动战略工具包，这个工具包将供其他APEC经济体使用（妇女部长级会议，Women's Ministerial Meeting，WEF）。

2. 缩小性别之间数字文化程度差距

平等获得技术和学习机会有助于提高妇女的经济能力。根据最近一项全球移动通信系统（Global System for Mobile communications Association，GSMA）的研究，在亚太地区的中低收入经济体中，估计有 11 亿没有联网的女性。韩国最近完成了一个关于"赋予妇女经济权力和信息通信和技术（Infromation Communications and Technology，ICT）：第四次工业革命时代 APEC 女企业家的能力建设"的项目。此外，越南于 2018 年启动了一个新的项目，主题是"在工业 4.0 的背景下，通过提高妇女和女童的数字文化素养和技能，促进包容性"，旨在分享促进妇女参与 STEM（Science，Technology，Education and Math，STEM）和 ICT 教育和培训以及获得数字服务的经验和政策。

将要开展的活动及预期结果：智利计划开展"数字文化差距评估"，以确保在解决阻碍妇女充分参与贸易的数字鸿沟方面继续取得进展。进行差距分析，以发现 APEC 各主要部门之间的数字鸿沟的现状，确定最需要的识字技能，并设计改进措施以弥合差距（在 SOM2 之前的闭会期间）；传播关键的调查结果和结论，提出一套初步的改进机制，以刺激每个部门采取行动（在 SOM2 页边上的 PPWE）；根据调查结果，商定 2025 年前实现的目标，确定多方利益攸关方伙伴关系和研究项目，以改善数字扫盲的性别差距（世界妇女经济论坛部长级会议，Women's Ministerial Meeting，WEF）。

3. 通过数据提升妇女经济授权

数据收集对于提高妇女的经济权利至关重要。它允许政策制定者根据数据做出知情的决定。专家们鼓励编制数据，以描述"使妇女丧失权力的制度和结构在多大程度上得到改变"。根据世界银行的数据，不到 1/3 的国际社会按性别对非正式就业、创业和无薪工作的统计数据进行了分类。

将要开展的活动及预期结果：在 APEC 的 PPWE 特别小组和其他倡议下，为 APEC 区域妇女经济一体化取得进展所作的努力之后，智利将促进性别敏感数据举措。这将鼓励各经济体收集和使用改善工作场所性别平等的数据。对影响妇女经济参与的现有指标和经常性问题进行盘点。举办一次研讨会，讨论制作和（或）收集数据的重要性，以透视妇女在市场和国际市场上面临的挑战：进入壁垒、企业类型、工资差距、晋升前景、缺乏弹性工作安排等。（SOM2-PPWE）传阅来自研讨会的建议，以便讨论下一步工作。其他工作小组，例如，ABAC 的代表将获分享意见。在世界经济论坛妇女部长级会议上，就收集该区域数据的适当建议在部长级做出决定。

4. 妇女与包容性增长路线图

智利期待着就一项单独的宣言（《领导人宣言》的附件）达成协议，决心支持增加妇女在 APEC 各经济体中的参与度而做出努力。《宣言》应成为 APEC 进一步促进性别平等的指导宣言。《圣地亚哥妇女和包容性增长路线图》，目的是鼓励采取大胆和持续的集体行动，增加妇女在经济中的参与，促进 APEC 内部的性别平等（在国际妇女部长级会议期间流通和认可）。

二、中小企业议题

APEC 承认中小企业是本地区增长和创新的引擎。中小企业对经济增长的贡献巨大——占所有企业的 97% 以上，雇佣了 APEC 经济体一半以上的劳动力。然而，在整个 APEC 中，中小企业在直接出口中所占比例仅为 35%。贸易壁垒和出口挑战使它们无法充分参与全球市场。2019 年，智利将推动 APEC 区域内中小企业经济一体化和参与国际贸易。通过简化法规、改善准入和加强中小企业从全球化数字贸易中获益的能力等措施，减少贸易壁垒。中小企业需要一个高质量但简化的监管环境，以启动和发展。根据世界银行（World Bank）的数据，在监管规则容易获得、透明和可预测的经济体中，劳动力参与率较高，收入不平等程度较低。

APEC 经济体在世界银行业务排名的易通性中占据五大表现中的四个，但作为一个论坛，APEC 自开始在这一领域开展以来，其平均业绩仅做了小小的改进。促进 APEC 地区的中小企业一直是 APEC 的一项优先工作。自 1994 年起，APEC 中小企业部长级会议每年举行一次。自 1995 年以来，当中小企业工作组（SME Working Group，SMEWG）开始作为中小微企业（MSME）的一个特设政策层面小组后，它也一直处于运行工作中。2015 年，APEC 部长们通过了《中小微企业全球化长滩岛行动纲领》，它强调中小微企业参与全球商业促进包容性增长。

1. APEC 中小企业贸易便利化

在过去的 20 多年来，APEC 做到了最大限度的开放，有别于其他封闭性的区域经济集团，APEC 在贸易和投资自由化和便利化方面已经形成的巨大成就，使得亚太自由贸易区成为亚太人民的理性选择和显示追求。但进入 21 世纪以后，APEC 所面临的全球和地区经济环境都发生了很大的变化，给 APEC 贸易投资自由化进程带来了新的机遇和挑战。为此，APEC 采取了积极的应对措施，在坚持协商一致、自主自愿等基本原则的基础上，尝试通过新的方式或新的合作项目推动贸易投资自由化进程，并取得了卓有成效的进展。

《长滩岛议程》2018 年中期审查发现，各经济体应继续通过 ICT 和电子商务提供商品和服务的小微企业扩大机会和国际化。此外，ABAC 提供的在线信息已被确定是 2019 年联合工作的优先事项。为完善 APEC 中小微企业市场库存体系，

APEC 已经做出了大量努力。然而，在 APEC 各经济体中营商时，有必要提供更新的中小微友好信息的共同标准，为更好地指导其发展。2019 年，智利想推动 APEC 中小微企业市场，目的是为中小微企业国际化而鼓励各经济体分享信息和案例研究。2017 年，在越南胡志明市举行的 APEC 中小企业部长级会议上，鼓励各经济体分享有关 MSME 国际化最佳实践的信息和案例研究。此外，自由贸易协定（Free Trade Agreements，FTAs），例如 CPTPP，鼓励其成员向中小企业提供以下信息：海关程序、知识产权法规；技术规范；SPS 措施；外国投资规定；商业登记手续；就业法规和税收。提供有关亚太经合组织中小微企业市场的信息，将有助于支持经济体履行自由贸易协定义务，为企业提供单一资源。APEC 经济体应致力于通过简化对中小企业的规定来减少贸易壁垒，并帮助它们实现数字贸易的好处，加强对实现国际数字贸易规则现代化的承诺，特别是在电子认证和数字签名领域。

将要开展的活动及预期效果：在"APEC 中小企业周"期间，举办 APEC 高层数字创新对话，重点讨论资讯及通讯科技和电子商务服务如何帮助中小企业。举办电子核证及数字签署研讨会，作为"中小企周"及"数字经济高层对话"的其中一项活动，以达成共识，促进 APEC 地区的数字签署工作。在"APEC 中小企业周"期间促进 APEC 中小企业市场，以鼓励各经济体分享在各自经济体系内营商的信息。此外，以市场为机制，履行自贸协定的规定，分享中小企业国际化的最佳实践。在 APEC 的中小微企业市场提供信息时，为 APEC 经济体制定共同标准，目的是使信息更容易获取。考虑到金融科技产业的发展，通过举办研讨会，提高 APEC 经济体对金融科技产业关键问题的战略重要性的认识，例如对中小企业获得融资、投资和公共政策的影响。

2. APEC 中小企业自由贸易协议条款

近年来，许多经济体已将有关中小企业的规定纳入自由贸易协定（FTA），认识到它们需要得到支持，以充分利用自由贸易协定的机会。智利愿分享这些条款的经验，讨论其效力，并确定共同条款，以便为最终建立亚太自由贸易区（FTAAP）的中小微企业章节奠定基础。

将要开展的活动及预期效果：调查 APEC 经济体自由贸易协定中有关中小企业的规定，调查 APEC 经济体自由贸易协定中有关中小企业的规定。

第四节　数字社会

70 多年前就有人提出，创新和增长本质上是一回事。APEC 作为促进亚太地区经济增长、技术合作和贸易投资自由化的论坛，必须采取创新措施，以实现其目标。我们需要为我们的社会提供适当的工具和技能，确保它们能够充分发挥其在互联网和数字经济中的潜力。我们面临持续的挑战，以确保我们的监管环境和基础设施能够实现可持续增长。我们应该确保数字贸易规则解决本地区的问题。我们还需要确保亚太经合组织抓住机会，以亚太地区降低关税的方式，消除阻碍贸易和投资刺激的壁垒。经济的数字转型有可能刺激创新、提高效率和改善服务供应。APEC 各经济体必须共同努力，维护作为多种用途平台的互联网，通过改善接入、提升数字技能和本地区数字经济的创新潜力，缩小数字鸿沟。2019 年，智利将优先增加妇女、中小企业和本地人民在经济中的机会。在全球范围内，数字性别差异仍然是一个问题，特别是在 STEM（科学、技术、工程和数学）职业领域。基于 APEC 的工作，考虑到技术是不断发展的，并与实际愿景，智利提出应对 APEC 地区面临的问题，旨在通过利用数字经济的特点提高人们的参与全球经济的。互联网是一个不顾传统边界而把世界不同地区连接起来的网络，它改变了关于地点、距离和管辖权的传统观念，这需要广泛的利益攸关方进行密切的国际合作和参与。

2014 年，APEC 领导人批准了《APEC 促进互联网经济合作倡议》。该文件正式承认的交叉作用在 APEC 经济体的发展和网络经济的可能性增加了经济参与地区的人口。2015 年，APEC 成立了"互联网经济特设指导小组"，指导有关互联网经济机遇的讨论。2017 年，APEC 互联网和数字经济路线图得到越南高级官员的认可，并受到领导人的欢迎。该框架为促进各成员之间的技术和政策交流，促进创新、包容和可持续增长的关键领域和行动提供指导，其目标之一是消除 APEC 地区的数字鸿沟。路线图的 11 个重点领域在几个问题上提供了广泛的范围。我们需要一个适当的管理结构来参与数字技术。巴布亚新几内亚作为 2018 年 APEC 的东道主，致力于将 APEC 在这一领域的工作正规化。作为 2019 年的东道主，智利将努力引导未来几年互联网经济工作的初步流程和方向。在 2018 年贸易部长会议（The Minister Conference Trade，MRT）期间，APEC 工商理事会强调，有必要在实质性问题上取得进展，以确保 APEC 保持其相关性。APEC 对亚太自由贸易区有着长远的愿景。这项工作的未来必须反映当前和未来的互联网和数字经济。信通技术可以实现多种形式的贸易投资便利化和业务精简，促进区域经济一体化。我们要继续推动互联互通议程、结构性改革和技术协调，支持区域经济一体化。继续就信息通信技术相关政策和法规开展交流与合作，对促进本地区经济一体化和发展，发展健康的互联网和数字经济至关重要。这对服务贸易特别重要，它将大大受益。我们需要一种监管方式，提供适当审慎的监督、合法的消费者和保护，同时使与贸易有关的数据能够在日益数字化的世界背景下流动。

我们生活在一个巨大技术变革的时代。数字创新正在重塑我们的经济、工业和社会,就像蒸汽、电力和内燃机之前所做的那样。像它们的前辈一样,电脑和它们的同类是巨大繁荣的引擎。我们生活中的进步是由硬件、软件和网络驱动的,它们以无数的方式影响着我们的生活,并创造着巨大的价值。举几个例子,人工智能的进步正在帮助医生诊断疾病;新的传感器使驾驶汽车更安全成为可能;数字化比以往任何时候都更广泛地提供知识和娱乐;移动网络第一次将地球上的人口连接起来。数字革命是世界上最好的经济新闻。在这些问题上给APEC的工作指明方向,对私营部门和公民社会的需求,智利认为有必要准备和实施一个工作计划,那些被APEC以前的结果认可的某些关键措施,如APEC网络和数字经济路线图;APEC服务业竞争力路线图;以及《APEC服务业竞争力路线图实施计划(2016—2025)》。APEC已经采取了许多相关举措。我们希望利用这些努力并在其基础上继续努力。这包括一方面致力于与互联网和数字经济相关的基础设施和监管问题,另一方面设计更好的方式来衡量APEC在这些问题上开展的工作的成果。

一、实施互联网和数字经济路线图

2014年APEC北京会议批准通过《促进互联网经济合作倡议》,首次将互联网经济引入APEC合作框架。在随后的几年里,APEC成员围绕互联网和数字经济开展了一系列务实合作项目,为加强亚太各方数字经济能力建设发挥了积极作用。2017年的APEC岘港会议上各国对《互联网和数字经济路线图》达成共识,路线图包含了数字基础设施、电子商务、信息安全、包容性、数据流动等11个重点领域,将作为指导未来APEC互联网和数字经济合作的重要规划。"互联网和数字经济路线图"是一个框架,为促进APEC各成员之间的技术和政策交流、促进创新、包容和可持续增长以及弥合APEC地区数字鸿沟等11个关键领域和行动提供指导。作为当前和未来数字经济的指南,路线图至关重要。然而,要使APEC各经济体有效地应对数字未来的挑战,其纲要需要具体化和付诸实践。路线图是一个"活文档",因此,那些寻求实现它的人有责任在出现新问题或发现问题时报告它们。因此,我们提出了四个基本的实施步骤。

1. 通过电讯技术提升区域互联互通

电讯服务已成为现代生活的主要部分。作为消费者,我们期待快速、无所不在地访问网络,让我们能够继续数字化连接的生活。对于用户和实现这一切的电信行业来说,这是一个真正革命性的时代。电信和信息工作组(Telecommunicationsand Information WorkingGroup,TELWG)于1990年成立,目的是通过有效的合作及分享有关技术及政策发展的资料,改善区内资讯及通信科技基础设施的质素及使用情况。它还旨在通过有效利用通信技术促进社会和经济发展，并促进安全可信的通信技术环境，促进自由和安全的贸易、投资和可持续发展。2010年，电信和信息工作组（TELWG）《冲绳宣言》制定了一个雄心勃勃的目标，即到2020年确保下一代高速宽带接入，目标是进一步促进APEC地区知识型经济体的增长。电信和信息工作组（TELWG）制定了2016—2020年战略行动计划（SAP），该计划在TEL58（APEC电信和信息工作组第58次会议）上得到了修订和批准。在这方面，智利建议电信工作组将工作重点放在应对动态和不断变化的信息通信技术环境给电信和更广泛的信息通信技术部门带来的挑战上。这包括在发展和支持信息通信技术创新方面进行密切合作，通过加强数字和互联网经济促进区域经济一体化。

电信就是把人们联系起来，成为经济和社会发展的关键推动者。全球普遍互联互通是数字经济发展的必要条件。我们认识到数字技术在发展中经济体中是包容性增长和可持续发展的强大推动者。我们认识到促进考虑可及性、可负担性、质量和可获得性的互联互通和数字服务的法规，消除包容性数字经济增长障碍的重要性。区域数字基础设施互联互通需要公共、私营和社区利益攸关方在地方、国内和区域各级开展密切合作。智利认识到全球和普遍的互联互通是一项共同追求，致力于制定共同努力，优先连接个人、家庭、企业、工业和公共部门，并特别考虑到偏远地区和弱势群体的情况。数字化世界的出现要求我们加强消除数字访问鸿沟的努力。全球仍有超过50%的人口处于离线状态。在APEC地区，情况有所好转，平均有69.04%人使用互联网。

互联互通是数字化的前提。就其本身而言，建设数字基础设施是互联互通的先决条件。因此，我们需要一个强大而有弹性的数字基础设施，作为一个支持的平台。这包括制定和使用可互操作的标准、物流和开放架构，以发展包容性和竞争性的环境，支持APEC地区的互联网和数字经济。特别是要加强互联网和数字经济建设，加强电信服务，特别强调将覆盖范围扩大到服务欠缺的社区和个人。关于电信部门，智利受益于其具有竞争力的规章制度和先进的基础设施，这就是为什么它可以为讨论提供宝贵意见的原因。此外，数字连接基础设施需要公共、私人和社区利益相关者之间的密切合作。需要采取进一步行动，改进公共政策的设计、执行和评价，以加速数字基础设施的部署，并将服务欠缺的社区和个人纳入范围。

相关活动及结果：确定促进与利益相关者、信息通信技术企业和电信运营商采用和部署高质量和融合的技术和基础设施的监管框架。其目的是通过跨论坛合作（包括DESG和TELWG的共同努力）以及与利益攸关方的合作，制定并提出促进技术融合的监管框架基准。确定光纤到户（Fiber to the Home，FTTH）或光纤到角落（Fiber to the Corner，FTTC）部署的最佳实践，以及允许在国内部署的经济模型。确定在 APEC 经济体之间部署 5G 网络的国内战略，以最大限度地实现社会效益、经济增长和弥合数字鸿沟。这些策略应该包括与服务开发相关的频谱可用性（特别是关于频谱密集型服务）。衡量在紧急情况和自然灾害中使用电信的成功经验。确定 APEC 各经济体海底电缆的部署现状，以便促进可能成为冗余替代方案的新措施和项目。提供一个基准研究，重点关注监管，以促进竞争，提高服务质量，降低价格和促进基础设施的部署和有效利用（通过共享）。

2. 发展有效连贯综合的内部数字政策管理框架

除了坚实的基础设施，数字未来还需要兼容的数字政策，以促进数字文化的存在。因此，为这些内部政策建立一个共同的整体、一致和合作的管理框架应促进管理办法的一致和合作。应商定反映互联网的跨境、可互操作架构的共同标准。在此背景下，促进信息和数据的自由流动，促进互联网和数字经济的发展，同时尊重适用的国内法律法规是关键。这种流动可以通过放宽贸易便利化措施的实施来促进贸易。它们也是一种生产手段，同时也是全球价值链的组成部分和一种可以交易的资产。这一工作的关键是要加强 EC、CTI、DESG、TELWG 等 APEC 各机构间的跨论坛合作，确保路线图的实施合作，避免工作重复，包括与云计算、物联网生态系统、大数据、数据保护和隐私以及 OTT 相关的问题。

相关活动及结果：智利将于 2019 年就结构改革和数字经济整理出一份《APEC 经济政策报告》（APEC Economic Policy Report，AEPR）。制定一整套竞争政策和监管实践，促进亚太经合组织地区的互联网和数字经济，确保该系统对消费者和用户的可靠性。与韩国合作，举办一次关于互联网和数字经济中保护消费者的最佳做法的讨论会。

3. 制定 APEC 成员体数字贸易规则

在互联网的推动下，我们的社会数字化进程的一个特别值得注意的方面是，它减少了国际贸易的进入壁垒，使传统上被排斥在国际经济之外的部门，例如自然人、微型和小型企业，获得了机会。数字化也使这些数字产品一旦被创造出来，其储存、复制和分销的成本变得如此之低，以至于边际成本接近于零的说法有点夸张。如今，任何人只要有良好的商业理念和互联网接入，都可以参与国际数字商务。在这方面，不仅需要在每个经济体的内部领域制定共同的标准，也需要在跨境贸易方面制定共同的标准。互联网是一个不受边界限制的端到端分组交换网络，它是创造力和创新的催化剂。互联网是一个平台技术，服务于多种用途，现在和未来，我们应该努力保持这种方式。APEC 各经济体之间密切的区域合作和明确的规则至关重要，因为贸易数字化可以促进市场的更加开放和参与的民主化。APEC 各经济体之间密切的区域合作和明确的规则至关重要。为促进

APEC区域一体化和价值链的实现，《数字工作计划》应总结自贸区/区域贸易安排中的数字贸易和电子商务实践，评估其汇合点，研究当前的情况、新技术和趋势。目标应是在跨境规则中创造融合，以促进数字商务。

将要开展的活动及预期结果：评估APEC（CTI、ECSG、TELWG，包括《APEC互联网和数字经济路线图》《APEC跨境电子商务便利化框架》）和其他论坛制定的其他相关倡议。与其他国际论坛（太平洋联盟、世界贸易组织、经合组织）分享经验、开展能力建设活动，加强各经济体对本地区数字贸易的理解，以及支持高水平自由贸易协定/区域贸易安排谈判的潜力。

4. 设计反映新技术机会的APEC教育培训知识战略

数字时代的快速经济转型需要发展高质量的终身学习体系，需要各部门共同努力，为所有人实现公平和可持续发展。为创造包容就业和创业的未来创造机会，APEC经济体必须解决数字经济所需技能的发展问题。重要的是，APEC各经济体应通过讨论新颖的教学、学习和培训机会来投资于人民，同时也应明确反思课程的风格和范围。

开展的相关活动及预期结果：提出一项建议，承认并鼓励妇女继续参与STEM，促进获取新知识，支持发展与STEM社会科学、人文科学和创造性艺术有关的多学科方法；APEC各经济体还将分享STEM教育和合作领域以证据为基础的良好实践的信息，并确定在区域层面鼓励区域合作的具体交流模式。在妇女与经济政策伙伴关系（PPWE）的合作下，各经济体还可以分享关于鼓励妇女和女童在与STEM相关领域接受教育的信息和最佳做法。在以能力为基础的培训方面分享良好的做法，以支持劳动力市场的适应性、就业和终身学习，并确定在区域层面上有效的具体交流模式，以提高劳动力的数字技能水平。

二、APEC互联网和数字经济方法

为了有效实现APEC的目标，有必要对互联网和数字经济的现状和未来进行评估。关于如何衡量互联网和数字经济的信息很少，但大多数衡量方法严重依赖于似乎不可靠的代理。有关服务贸易、互联网和数字经济的可比较和可靠的数据对于克服指导决策所需的数据方面的巨大差距至关重要。APEC可以成为一个设计和实施方法的论坛，使我们能够了解当前的不足，并将其努力集中在最需要的地方。APEC经济体应参照相关国际机构和利益攸关方正在开展的工作，就互联网和数字经济发展达成共识，并改进基线测量。这应该包括开发创建可比统计数据和数据的方法。因此，提出了两个实施步骤。

1. 发展互联网和数字经济通用方法

在多边层面，仍未达成衡量数字贸易限制的共识。APEC提供了一个宝贵的论坛，就方法达成共识，并推动多边层面的发展。我们可以讨论一个"APEC互联网和数字经济指数"，该指数不应只是衡量人们的看法或使用不可靠的指标，而应该更真实、更全面。

2. 发布数字政策年度报告

落实APEC各经济体就其数字政策的现状、挑战和成就交流信息和经验的年度报告，举办为期3天的研讨会，提供可比较的数据，协助找出衡量互联网及数码经济的最佳方法论和方法。专家和经合组织（Organization of Economic Cooperation and Development，OECD）（包括G20数字经济衡量工具包和经和组织贸易便利化指标）的测量方法应提供有价值的投入。研讨会的结果应包括在一份综合报告中，为APEC经济体提供衡量互联网和数字经济活力的最佳方式的指导。应举办关于年度报告制度执行情况的研讨会。

三、其他APEC互联网和数字经济相关议题

开展高级别对话，召集所有相关各方共同推动亚太地区互联网、数字经济和创新。根据高官会的建议，APEC副部长级会议将与电讯及资讯工作小组及其他亚太经合组织论坛和分论坛举行联席会议。我们的经济目前正因使用尖端技术的创新企业，特别是我们的中小微企业而发生变化。我们需要了解这些发展，并确定加速创新的机会，促进我们的经济增长，支持我们的员工。我们需要与所有利益相关者（公司、学者、最终用户、技术社区、公民社会）合作，以便更好地理解我们的社会数字化进程带来的问题和机遇。

制定并提出一套最佳实践：一套政策建议，可引导APEC（及其相关论坛）开展推进数字贸易议程的未来工作；促进资讯及通信科技基础建设的发展，以及促进跨境电子商务的规管协调；促进企业特别是中小微企业更多地参与全球商业；加强公共部门和私营部门之间的合作；为本地区贸易和投资便利化做出贡献，支持茂物目标和2020年后的愿景。举办有关创新的研讨会，邀请利益相关者参加，在知识产权专家小组的背景下举办一场关于开放数据在科学中的重要性的研讨会。

第二章　APEC 与妇女

第一节　全球妇女参与经济状况

在过去的 20 多年里，妇女在劳动市场和社会性别平等方面取得了很大进步。如今，受过良好教育和参与劳动力市场的妇女比以往任何时候都多。人们愈加认识到性别平等对于减少贫困和促进经济增长至关重要。《2030 年联合国可持续发展议程》的采纳以及世界各国领导人对到 2030 年"所有男女，包括青年和残疾人实现充分和生产性就业，有体面工作，并做到同工同酬"（可持续发展目标 8，目标 8.5）和"实现性别平等，增强所有妇女和女童的权能"（可持续发展目标 5）的决心就是这种意识的证明。然而，世界各国虽然取得了很大的进展，并在世界范围内做出了进一步改善的承诺，但妇女在劳动市场上与男性追求平等地位仍有很长的路要走。

目前，妇女仍然比男性参与劳动的概率低，而且即使参与，她们也更有可能失业，从事的工作也更有可能受不到劳动法规、社会保障条例和相关集体协议的保护。这些成果为女性身处劣势的程度和深度以及在不久的将来，这些劣势将如何在世界范围内发展提供了最新的量化评估，并为国际劳工组织今后从事关于女性劳动力市场工资和情况的研究提供了补充和依据。

一、劳动参与率的差别仍然很大

在世界范围内，15 岁及以上的男性和女性的劳动参与率持续下降；该数字在 2018 年为 61.8%，比过去 10 年下降了 1.4 个百分点。女性参与率的下降速度比男性慢，因而性别差距略有缩小。由于青年的教育参与度和与之相对的老年人退休后的选择都发生了变化，这些趋势反映出整个生命周期中的不同模式。然而，全球范围内发现，男性平均参与劳动力市场的可能性远远高于女性。2018 年，女性的全球劳动力参与率为 48.5%，比男性低 26.5 个百分点（表 2-1）。自 1990 年以来，这一差距减少了 2 个百分点，其中大部分缩小发生在 2009 年之前。自 2009 年以来一直在减缓的改善速度预计将在 2018—2021 年停滞不前，情况甚至可能出现逆转，这可能会抵消过去 10 年在劳动力市场性别平等方面所取得的一点点进步。

基于这一全球趋势,在不同发展阶段的国家中,女性参与劳动力市场的情况有非常大的差别。在发达国家和发展中国家,男女两性之间的劳动参与率差距正在减小,但在新兴国家,差距还在不断扩大,2018年这一比例为30.5个百分点,比2009年上升了0.5个百分点。随着女性劳动参与率的下降速度快于男性,这趋势可能将会维持到2021年。男性与女性在劳动参与率差距日益扩大,这表明新兴国家的女性在获取劳动力市场机会方面赶上男性仍有很长的路要走,但也反映出这些国家越来越多的年轻女性接受了良好教育,从而延迟了她们进入劳动力市场的时间。自20世纪90年代初以来,新兴国家15~24岁青年的劳动参与率方面性别差距一直在扩大,而受教育程度的性别差距已大幅缩编小。在阿拉伯国家、北非和南亚,劳动力市场的性别差距尤其悬殊,预计在不久的将来仍将存在巨大差距,这主要是由于这些地区女性的劳动参与率极低。基于这种趋势,人们担心由于性别和文化规范的限制,这些国家的女性在寻求有偿工作的选择方面将受到更大的限制(国际劳工组织,2017)。

表2-1 按性别分劳动参与率及失业率的水平和趋势(2009—2021年)

国家/地区	劳动参与率(百分比)和性别差距(百分点)					失业率(百分比)女性与男性失业率比例				
	男性	女性	差距(男性-女性)			男性	女性	比率(女性失业率/男性失业率)		
	2018	2018	2009—2018	2018	2018—2021	2018	2018	2009—2018	2018	2018—2021
全球	75.0	48.5	▼	26.5	▲	5.2	6.0	▲	1.2	▲
发展中国家	81.1	69.3	▼	11.8	▶	4.6	6.1	▼	1.3	▲
新兴国家	76.1	45.6	▲	30.5	▲	5.2	6.1	▲	1.2	▲
发达国家	68.0	52.4	▼	15.6	▼	5.3	5.6	▶	1.1	▶
北非地区	71.9	21.9	▼	50.0	▼	9.1	19.5	▲	2.2	▲
撒哈拉以南非洲	74.0	64.7	▼	9.3	▼	6.4	8.2	▲	1.3	▲
拉美和加勒比海地区	77.1	51.5	▼	25.6	▼	6.8	9.5	▲	1.4	▲
北美地区	67.9	55.8	▶	21.1	▼	4.6	4.4	▲	1.0	▼
阿拉伯国家	77.2	18.9	▲	58.3	▼	6.8	16.3	▲	2.4	▼
东北地区	74.7	59.1	▲	15.6	▲	48	4.2	▲	0.9	▲
东南亚及太平洋地区	79.4	56.5	▼	22.8	▼	3.5	3.3	▼	0.9	▶

(续表)

国家/地区	劳动参与率（百分比）和性别差距（百分点）					失业率（百分比）女性与男性失业率比例				
	男性	女性	差距（男性-女性）			男性	女性	比率（女性失业率/男性失业率）		
	2018	2018	2009—2018	2018	2018—2021	2018	2018	2009—2018	2018	2018—2021
南亚地区	79.0	27.6	▼	51.4	▲	3.7	5.2	▲	1.4	▼
北欧、南欧和西欧	63.4	51.6	▼	11.9	▼	7.9	8.2	▲	1.0	►
东欧地区	67.0	51.8	▲	15.2	▼	5.6	4.9	►	0.9	►
中亚和西亚	73.5	45.1	▼	28.4	▼	8.0	9.4	▲	1.2	▼

注：在本表中，2018年以后的数据均为预测。在2000—2018年和2018—2021年这两个时段内，如果劳动参与率（失业率比例）的差距预计扩大0.1（0.01）个百分点以上，则用向上箭头标出，如果差距预计缩小0.1（0.01）个百分点以上，则用向下箭头标出，如果差距介于两者之间，则用水平箭头标出。"差距"栏中的数字指的是男性和女性劳力参与率之间的百分比差，但由于四舍五入可能并不完全对应（来源：国际劳工组织趋势经济计量学模型）。

二、在全球大部分地区，女性比男性更有可能失业

女性不仅参与劳动力的可能性低于男性，那些参与劳动力市场的女性找到工作的概率也低于男性。截至2018年，全球女性失业率为6%，比男性高约0.8个百分点。这意味着2018年女性与男性的失业率比为1.2。到2021年，这一比率预计将在发达国家保持稳定，并在发展中国家和新兴国家中进一步扩大，反映出过去十年中在全球失业方面，妇女相对地位在不断恶化。

三、发展中国家女性弱势就业的情况更为严重

在全球范围内，超过42%的劳动者是自营型工作者或贡献收入的家庭劳动力（被定义为"弱势就业"的类别）（国际劳工组织，2018）。这意味着超过14亿的劳动者比其他类别的劳动者更可能从事非正规劳动和陷入贫困，并且无法或难以受到社会保障。随着劳动力的增长，自营型工作者和贡献收入的家庭劳动力也在不断增长，在发展中国家和新兴国家减少弱势就业的行动难以取得进展。因此，在发展中国家和新兴国家，这些类别的劳动者所占比例非常高。2018年在发展中国家占总就业人数的76.4%，在新兴国家占46.2%。

在自营型工作和贡献收入的家庭工作的构成中存在着重要的性别差异。从事上述两种工作的男性比例在过去的10年中小幅下降，而贡献收入的女性家庭劳动力比例下降了46个百分点，女性自营型劳动者的比例则增加的1.8个百分点。

其结果是，2018 年全球男性自营型劳动者的比例为 36.2%，比女性高 10 个百分点。相比之下，贡献收入的女性家庭劳动力比例是男性的 2 倍多（表2-2）。在发展中国家，2018 年贡献收入的家庭女性劳动力占女性就业人数的 42.3%，而男性这一比例仅为 20.2%。此外，预计到 2021 年，这种情况不会出现任何改善。与此相反，新兴国家贡献收入的家庭女性劳动力中所占的比例大幅下降，从 2009 年的 22.8% 降至 2018 年的 17%。与此同时，女性自营型劳动者的比例增加了 24 个百分点，这表明差距的缩小可能是由一些女性劳动者从贡献收入的家庭劳动力转变为自营型工作所导致的。在发达国家，自营型女性劳动者和贡献收入的女性家庭劳动力的人数有限，2018 年仅分别占全部女性就业人数的 6.9% 和 1.6%。

表 2-2 自营和贡献收入的家庭工作的比例和趋势（2009—2021）

国家/地区	总就业人口中自营型劳动者的比例（百分比）和性别差距（百分点）					总就业人口中贡献收入的家庭劳动力的比例（百分比）和性别差距（百分点）				
	男性	女性	差距（男性-女性）			男性	女性	差距（女性-男性）		
	2018	2018	2009—2018	2018	2018—2021	2018	2018	2009—2018	2018	2018—2021
全球	36.2	36.1	▼	-10.1	▼	6.4	16.6	▼	10.2	▶
发展中国家	51.7	39.4	▲	-12.3	▲	20.2	42.3	▲	22.1	▶
新兴国家	39.9	29.5	▼	-10.5	▼	6.2	17.0	▼	10.8	▶
发达国家	10.6	6.9	▼	-3.6	▲	0.5	1.6	▼	1.1	▶
北非地区	22.1	15.4	▲	-6.7	▲	5.7	24.5	▲	18.8	▼
撒哈拉以南非洲	51.1	47.1	▲	-3.1	▲	16.2	31.7	▲	15.5	▲
拉美和加勒比海地区	29.3	25.6	▲	-3.7	▼	2.9	6.5	▼	3.7	▶
北美地区	7.6	5.5	▼	-2.1	▼	0.1	0.1	▶	0.0	▶
阿拉伯国家	14.5	6.9	▲	-7.6	▲	3.3	10.6	▲	7.3	▲
东北地区	26.4	19.2	▼	-7.2	▲	3.7	13.1	▼	9.4	▼
东南亚及太平洋地区	34.0	29.8	▼	-4.2	▼	7.8	22.2	▼	14.4	▼
南亚地区	60.8	46.5	▼	-14.2	▲	9.1	31.9	▼	22.8	▶
北欧、南欧和西欧	12.4	7.7	▼	-4.7	▼	0.7	1.3	▼	0.6	▶
东欧地区	11.1	7.6	▼	-3.4	▲	0.9	1.6	▼	0.7	▼
中亚和西亚	23.3	16.6	▲	-6.6	▲	5.0	15.4	▼	10.4	▼

注：在本报告中，2018 年及以后的数据均为预测。在 2009—2018 和 2018—2021 两个时间段内，如果自营型劳动者或贡献收入的家庭劳动力的性别差距预计扩大 0.1 个百分点以上，则用红色向上箭头标出，如果差距预计缩小 0.1 个百分点以上，则用绿色向下箭头标出，如果差距介于两者之间，则用蓝色的水平箭头标出"差距"栏中的数字指的是女性和男性自营型劳动者或贡献收入的家庭劳动力之间的百分比差，但由于四舍五入可能并不完全对应。有关地区和国家收入分组的详细清单，请参阅在线附录 A。

来源：国际劳工组织趋势经济计量学模型，2017 年 11 月（详细信息请参阅在线附录 B）

四、在新兴国家和发展中国家，仍有大量女性从事非正规劳动

特别是在新兴和发展中经济体，自营型劳动者和贡献收入的家庭劳动者很有可能被定义为非正规经济的成员。这种联想的产生是因为自营型劳动者通常不会被注册为法人，而贡献收入的家庭劳动者没有签署书面雇佣合同，因此通常不受劳动法律、社会保障条例和相关集体协议的保护。但是，这些劳动者并不是唯一受到劳动力市场系统性风险影响的就业人口类别。广泛的非正规就业包括其他群体，例如非正式部门的劳动者和正式部门企业中从事非正式工作的劳动者。

第二节　中国妇女参与经济状况

中国妇女享有与男子平等的就业权利。新中国成立以来，妇女就业人数不断增加。目前，中国女性从业人员已占社会总从业人员的44%左右，高于世界34.5%的比例；1992年女性从业人口占女性15岁以上人口的72.33%；农村妇女劳动力约占农村劳动力总数的一半，城镇女职工人数已由1949年的60万人增加到5 600万人，占全国职工总数的比例也由7.5%提高到38%。妇女就业领域十分广泛。在国民经济12个行业中，女职工达100万人以上的行业就占9个，包括工业、农业、建筑业、交通运输业、商业、卫生、教育以及党政机关和社会团体等。妇女就业层次有了较大提高。1992年，在科学研究和综合技术服务事业、党政机关和社会团体业以及金融保险业中，女职工已分别占在业人数的34.4%、21.6%和37.3%。中国妇女尽管在就业方面有了长足的进步，但近年来也出现了一些新的问题，主要是一些单位不愿接收女性，造成女性就业难等。中国政府正积极采取措施促进这些问题的解决。

男女同工同酬原则已基本得到实行。在中国，同一行业、同一工种中技术熟练程度相同的劳动者，都可以获得同等报酬。但是，由于目前男女职工文化业务素质和职业构成的差异，男女实际收入尚有一定差距。据1990年调查，城市男女职工平均月收入分别为193.15元和149.60元，女性的平均收入是男性的77.4%；农村男女年平均收入分别为1 518元和1 235元，女性年均收入是男性的81.4%。此外，农村妇女年均收入在一万元以上的人数占女性总数的1.2%，男性的这一比例也是1.2%。这表明，在农村先富起来的人群中，男女收入差距已不明显。

中国政府对女职工采取了全面的劳动保护措施。据调查，城市女职工中85.3%的生育妇女都享有三个月的带薪产假，有些单位的女职工还享有半年的带薪产假；对处于孕期和哺乳期的女职工减少其工作量和工作时间；女职工比较多

的国有企业大都建立了女职工卫生室、孕妇休息室、哺乳室、托儿所、幼儿园等设施。

随着中国妇女经济地位的提高,她们在经济领域中发挥的作用也愈来愈大。2019年3月7日,2019中国女性领导力高峰论坛在北京举行。会上发布了《2019中国女性职场现状调查报告》。用数据再现女性领导力受阻的症结,并深入剖析生育负担中其他责任主体的缺位导致的一系列社会发展障碍。

一、妇女就业规模继续扩大

互联网的发展为女性带来了更大的发展机遇,赋予了女性更大的自主权。中国互联网发展基金会理事长马利谈到,目前中国的8亿网民中,女性占比48%,女性已经成为数字时代发展最大的受益者和参与者。在数字时代高速发展的背景下,赋予了女性更大的自主权,女性的成长也将迎来得天独厚的条件。

2017年,全国女性就业人员占全社会就业人员的比例为43.5%,超过《中国妇女发展纲要(2011—2020年)》制定的40%目标。城镇单位女性就业人员6 545万人,比2010年增加1 684万人,占城镇单位就业人员的比例为37.1%。2017年,城镇登记失业人员中女性所占比例为43.1%,比上年降低1.2个百分点。

二、女性专业技术人员持续增加

2017年,公有制企事业单位中女性专业技术人员为1 529.7万人,比2010年增加260.3万人,所占比例为48.6%,提高3.5个百分点;其中女性高级专业技术人员为178.9万人,比2010年增加77.3万人,所占比例为39.3%,提高4个百分点,已提前达标。

三、执行《女职工劳动保护特别规定》的企业比例继续提高

新修订的《女职工劳动保护特别规定》(以下简称《特别规定》)在减少和解决女职工在劳动中因生理特点造成的特殊困难、保护女职工健康方面发挥了积极作用。2017年,有71.2%的企业执行《女职工劳动保护特别规定》,比2010年提高16.3个百分点。

四、农村贫困妇女人数大幅度减少

按照年人均收入2 300元(2010年不变价)的农村扶贫标准计算,2017年,全国农村贫困人口为3 046万人,比2010年减少近1.4亿人,在减少人数中约一半为女性;2017年,贫困发生率为3.1%,比2010年降低14.1个百分点。贫

困发生率男女无明显差异。

五、对贫困妇女的保障力度不断加大

国家不断加大对贫困妇女的保障力度，完善新型社会救助体系，城乡最低生活保障平均标准逐年提高。2017年，城乡最低生活保障平均标准为450元，比2010年增加264元，增长1.4倍；全国城乡享受低保和农村五保对象得到救助的特困人员共5 773万人，其中女性2 272万人，所占比例为39.4%，比2010年增加约5个百分点。

六、妇女参与企业经营管理方面的比例也在稳步提高，越来越多的女性打破职场"玻璃天花板"，成功进入企业的领导级别

中国在男女平等的方面取得了举世瞩目的成就，全世界正在消除性别偏见的道路上起营拔寨，不过，女性在职场上仍存在就业歧视，同工不同酬，领导级别越高女性占比越低。缩短差距，还有很长的路要走，中国在这方面已经有了很大的提升，女性生存环境不断优化。从不同职级的性别分布而言，随着职位的提升，男性和女性的差距逐渐拉大，领导层的女性比例骤然减少。在高层管理人员中，男性比例高达81.3%，女性仅有18.7%。而且，就升职概率而言，更多的男性高层管理人员在未来一年有可能升职，高出女性将近13个百分点。这表明，随着职级越高，女性在通向更高职级的路上遭遇到的"天花板效应"更明显。

七、性别收入差距依旧，薪酬涨幅差异明显

从性别收入差距和薪酬涨幅来看，背后蕴含的也是女性管理层这部分高收入群体的不足。

2018年女性整体收入低于男性22%。今年的调研结果显示，虽然整体收入值出现上涨，但是收入差距并未改善，男性收入高于女性23%，相比2018年性别收入差距增加了1%。此外，男性的整体收入涨幅高于女性群体8个百分点。

第三节　APEC成员体妇女参与经济活动情况

一、PPWE（APEC妇女和经济体政策伙伴关系）

APEC妇女和经济体政策伙伴关系（APEC Policy Partnership on Women and the Economy，PPWE）于2011年5月在美国蒙大拿州Big Sky召开的资深官员会议（SOM）支持下成立，提供一个精简且有效率的机制，以整合性别平等、妇

女与经济等各项考量，亦提升妇女经济议题在 APEC 所带来的影响力。性别平等属于 APEC 的跨领域议题，PPWE 根据此原则来进一步提升［整合妇女参与 APEC 架构（Framework for the Integration of Women in APEC）］。PPWE 将配合 APEC 各项程序，作为资深部长会议（SOM）的有力媒介，针对影响 APEC 地区女性经济赋权的议题继续努力。

PPWE 亦倡导 APEC 经济体的女性能充分平等地参与"贸易及投资自由化及便捷化"（TILF）与"经济技术合作"（ECOTECH）之各项议题。PPWE 将向 APEC 论坛与资深官员提供政策面与任务面的建议，以提升妇女的经济参与程度及推动 APEC 地区的经济成长。

1. PPWE 的八大任务

（1）协助 APEC 各论坛并积极配合，以确认和解决其工作范围中性别平等与妇女经济议题的优先处理顺序，这包括邀请相关次级论坛主席参与 PPWE 会议，以探讨与各论坛有关的议题。

（2）提升与呈报整体 APEC 与各论坛的妇女代表比例。

（3）评估专案提案程序、呈报与评审程序所采用的性别平等准则是否适合，并加以修正，且从会员经济体中寻求至少一名具有性别平等和妇女经济相关专业知识的秘书处代表。

（4）收集与共享各论坛整合性别平等的最佳范例，并且每年从最佳实物中，选出与 PPWE 会议探讨的一项主题。

（5）支援与呈报各论坛和 APEC 经济体整合性别的实施进度，包括追踪 APEC 领袖认可的妇女经济政策建议的执行进度概况。

（6）主动促进 PPWE 重要会员的互动，包括私部门会员和 APEC 企业咨询委员会（ABAC），尤其是即将被选为承担 PPWE 妇女经济顾问的主办经济体 ABAC 会员，以及包括国际组织在内的相关利益者，借此提升 APEC 妇女的经济赋权。

（7）互助合作发展妇女经济方面的专案提案。

（8）建议优先领域，以提升 APEC 的性别平等与妇女经济整合。

为达上述任务目标，PPWE 将向经济与技术合作指导委员会（Steering Committee on ECOTECH, SCE）提交中期与年度工作计划。

2. 职能

PPWE 负责担任向 SCE 呈报 APEC 性别措施与施行成果的机构。PPWE 的广义目标在于连接 APEC 论坛、APEC 经济体与 APEC 秘书处，以提升 APEC 地区的妇女经济整合程度，使所有经济体受惠。

二、APEC 发达成员体

1. 就业歧视

许多发达国家的女性劳动参与率正逐渐接近男性。发达国家参与率的性别差在 2018 年为 15.6 个百分点（几乎是新兴国家的一半），是 1990 年以来的最低值；尽管在一些国家，特别是在南欧，差距仍然很大，但预计到 2021 年将进一步缩小。发达国家在过去几十年中取得的进展很大程度上归功于这些国家女性和男性在教育方面取得了近乎相等的成就，并且女性在有偿劳动方面面临的社会规范相对较少（国际劳工组织，2017）。公共政策也发挥了重要的作用。例如，家庭扶持政策，旨在改善工作与生活的平衡，改善带薪休假和回到同等工作岗位的权利，以及为在职父母提供负担得起的托儿服务，为提高这些国家的女性，特别是母亲的劳动参与率起到了非常重要的作用（国际劳工组织，2016；Thevehon，2013；Vuri，2016）。尽管如此，许多发达国家长期存在性别薪酬差距。尽管女性越来越多地参与劳动力市场中，但在工作质量方面仍存在性别差距。由于女性的人力资本水平显著提高（如教育和经验），在几个发达国家甚至已经超过了男性，新的研究则指向了导致女性面临薪酬差距的其他因素，如雇佣和提拔时的歧视性行为等（Grimshaw 和 Rubery，2015）。

2. 失业率

发达国家的女性失业率更接近男性，2018 年女性与男性的失业率比为 1:1，预计近期内不会出现重大变化。在东欧和北美等地区，女性的失业率甚至比男性还要低。虽然这反映出各国为在受教育程度和技能认证等方面实现性别平等做出的巨大努力，但成功实现男女失业率趋同也应归功于 2008 年经济危机的长期负面影响。经济危机对建筑业等一些由男性主导的行业产生的影响要大于其他经济部门。

三、APEC 发展中成员体

发展中国家在参与率方面的性别差距最小（2018 年为 11.8 个百分点），预计在 2018—2021 年将保持稳定。这些国家中妇女的参与率最高（69.3%），这往往反映了在普遍贫穷和缺乏社会保障的情况下，寻求就业的经济必要性。

发展中国家女性非正式就业比例过高，部分原因是由于贡献收入的女性家庭劳动者比例较高——这一部分女性占发展中国家非正规就业总人数的 1/3 左右。根据国际劳工组织的数据，在包括农业工人的情况下，发展中国家女性非正规就业的比例比男性高出 4.6 个百分点，而在最近一年的数据（国际劳工组织，2018）中，不包括农业工人时女性比例比男性高 7.8 个百分点。在一些撒哈拉以南的非洲国家，这种性别差距要大得多，平均差距超过 20 个百分点（同上）。在近 1/3 有数据可查的撒哈拉以南非洲国家中，非农业就业女性从事非正规就业的比例超过 90%，而男性则为 82% 左右。

1. 就业歧视

发展中国家在参与率方面的性别差距最小（2018 年为 11.8 个百分点），预计在 2018—2021 年将保持稳定。这些国家中妇女的参与率最高（69.3%），这往往反映了在普遍贫穷和缺乏社会保障的情况下，寻求就业的经济必要性。

2. 失业率

2018 年，发展中国家女性与男性失业率比最高，为 1∶3。这在很大程度上反映了这样一个事实，即这些国家的男性失业率低于国际标准，而女性的失业率仅略高于全球平均水平。然而，这样一个相对较低的失业率，远不能表明某一劳动力市场对男性或女性而言健康与否。当然，失业率并不能很好地反映发展中国家（以及在某种程度上发达国家）劳动力市场的表现。这突显出非正规就业的复杂性和社会保障制度的有限性，这两重压力使得女性和男性被迫接受任何就业机会，无论工作条件如何。与此同时，根深蒂固的性别角色观念以及劳动力市场的歧视现象不断阻止女性获得体面劳动（国际劳工组织，2016，2010）。事实上，发展中国家的女性失业率预计将进一步上升（男性失业率预计将保持稳定），因此，到 2021 年，女性与男性的失业率比将进一步扩大

第四节 趋势分析与展望

2019 年 APEC 女性领导力论坛于 5 月 16 日至 17 日在上海举办。本次论坛的主题为"平衡的力量"，汇集亚太地区包括政策制定者、企业家、科学家、专家学者、创业者、艺术家等在内的杰出代表，探讨如何推动女性领导力发展，共同创造一个更加多元的文明世界。

今后，女性对技术的应用将带动技术更快发展。根据联合国女性报告预测，新增 6 亿女性互联网用户将为全球 GDP 带来 130 亿~180 亿美元的价值。有研究表明，一方面，女性的参与将会带来多样性，而多样性提升创新力。正是在这个意义上，我们说，女性需要科技自我赋能，克服由于文化歧视、宗教限制、不平衡的教育资源分配而导致的各种困难；另一方面，科技也需要女性，为科学技术的未来发展带来更多的可能性与多样性。

各国政府、雇主和工人及其代表组织共同实施了一系列措施，以应对女性在劳动世界所面临的挑战。特别值得注意的是在提供家庭支持、妇女主导的非正规劳动（如家政工作）关键领域的正规化，以及解决纵向性别隔离（尤其是在通

过改革可减少性别歧视的领域）等方面所取得的进展。然而，目前劳动力市场的主要参与者为减少劳动参与率性别差距而做出的努力虽然意义非凡，但还不够。男女获得体面工作机会的差距是全球在实现一个更加公平、包容的劳动力市场过程中面临的主要障碍，除非采取更多措施解决上述长期存在的性别差异，预计未来几年情况仍将如此。如国际劳工组织以前的报告所示，女性在家务和照料方面面临的极端不平等要求会继续以劳动市场不平等的形式出现，体现在女性可以获得的、稳定的工作类型等方面。事实上，非正规就业和工作贫困的全球性挑战也源于部门和职业的性别隔离模式（通常是组织和文化上的），这种模式在系统上就限制了女性获得更好工作机会。这表明，解决妇女面临的劳动力市场挑战不仅需要政府、雇主和工会的努力以减小劳动力市场的差距，还需要采取措施消除女性所面临的不平等要求。

因此，减少劳动力市场中的性别差距需要采取综合措施和专门针对女性的举措（考虑到她们各自不同的情况），这最终将有助于社会福利保障的发展（国际劳工组织，2016，2017）。在发展中国家和新兴国家，推动非正规就业向正规就业转变仍然面临着悬而未决的挑战，对农业部门的农村女性而言更是如此。推动农业和非农业经济活动的分类将会使得这些活动更加正规，同时通过收入多样化可以减少工作贫困发生的概率。不断提高女性参加正规教育、职业培训和创业项目的参与率对于女性转向体面工作尤为重要。同时，通过扩大儿童相关服务的覆盖面以及促进家庭责任在家庭成员（甚至当地社区）间平均分配，可以大大提高家庭扶持公共政策的影响和效力。更普遍地说，所有国家和相关利益集团（尤其是政府、雇主和工会）都应通过确保女性获得高质量就业，减少教育和工作中的性别刻板印象和性别歧视，认识、减少和重新分配女性目前过重的照料负担和家庭责任等措施，为实现可持续发展议程努力奋斗。

我国妇女之所以在参与经济发展方面取得这样优异的成绩，除了自身的主观努力外，更得益于以习近平同志为核心的党中央对妇女作用的高度重视，得益于各级政府部门为女性营造的发展环境，保障平台。

我国制定或修改的《女职工劳动保护特别规定》等法律法规遵循了男女平等原则；出台了一系列政策文件，包括《关于进一步做好新形势下就业创业工作的意见》《妇女创业担保贷款财政贴息相关政策》《关于支持妇女从事手工编织实现就业创业的意见》《关于开展创业创新巾帼行动的意见》《关于机关事业单位县处级女干部和具有高级职称的女性专业技术人员退休年龄问题的通知》等，很大程度上促进了妇女发展、保障了妇女权益；同时，各地也出台了许多扶持和鼓励妇女创业创新的措施，例如，贵州省每年拨出上千万元资金支持"锦绣计划"，扶持近百万绣娘从事手工绣品生产。在政策和法律的保障下，妇女参与经济社会建设成绩斐然,不仅为社会创造了财富,同时也创造出女性精彩的人生。

主要参考文献

富东燕.[2017-09-26].志在人生出彩 追求梦想成真[EB/OL].中国妇女报.http://www.cnwomen.com.cn/2017-09/26/content_177606.htm.

国际劳工组织.2018.全球就业和社会展望:2018女性趋势速览[M].日内瓦:国际劳工局.

国际劳工组织.2018.世界就业和社会展望2018年趋势[M].中国财政经济出版社.

国家统计局.2018-11-12.2017年《中国妇女发展纲要(2011—2020年)》统计监测报告[N].中国信息报,(1).

金岳嵘,张彩霞.2013.妇女参与APEC新机制简介[J].中国妇运(12):39-40.

智联招聘.2019-03-07.2019中国女性职场现状调查报告.[EB/OL].光明网.http://economy.gmw.cn/xinxi/2019-03/07/content_32614227.htm

中华人民共和国国务院新闻办公室.[2005-5-25].中国妇女的状况[EB/OL].中央政府门户网站.http://www.gov.cn/zwgk/2005-05/25/content_695.htm.

第三章 APEC 与中小企业发展

第一节 中小企业工作组的由来及发展历程

中小企业是亚太经合组织地区增长和创新的引擎。在亚太经合组织成员体中，中小企业占所有企业数量的 97% 以上，雇佣了一半以上的劳动力，对经济增长做出了重大贡献。在大多数亚太经合组织成员体中，中小企业产值在 GDP 中所占的比例从 20%~50% 不等；然而，中小企业只占直接出口量的 35% 甚至更少。亚太经合组织中小企业工作组（Small and Medium Enterprises Working Group，SMEWG）致力于鼓励中小企业发展，增强它们参与国际贸易的能力。

各成员体对中小微型企业（Micro, small and medium enterprises，MSMEs）的定义有不同的法律、规则和条例，甚至各部门对其定义都有所不同（表 3-1，表 3-2）。

表 3-1 高收入国家定义中小微企业

国家	资产规模（A）/资本（C）/营业额（S）		员工人数（E）
日本	C≤3 亿日元（制造业、建筑业、运输业等）； C≤1 亿日元（批发业）； C≤0.5 亿日元（服务业和零售业）	或	E≤300 人（制造业、建筑业、运输业等）； E≤100 人（批发业和服务业）； E≤50 人（零售业）
新加坡	S≤1 亿新加坡元	或	E≤200 人
美国	取决于行业	或	取决于行业，但最常见的标准是 E<500 人

表 3-2 新兴工业化国家定义中小微企业

国家	资产规模（A）/资本（C）/营业额（S）		员工人数（E）
马来西亚	S≤0.5 亿林吉特（制造业）； S≤0.2 亿林吉特（其他部门）	或	E≤200 人（制造业）； E≤75 人（其他部门）
菲律宾	A≤1 亿菲律宾比索	和	E<200 人

(续表)

国家	资产规模（A）/资本（C）/营业额（S）		员工人数（E）
泰国	A≤2亿泰铢（制造业和服务业）； A≤1亿泰铢（批发业）； A≤0.6亿泰铢（零售业）；	或	E≤200人（制造业和服务业）； E≤50人（批发业）； E≤30人（零售业）

一、APEC中小企业工作组及由来

1. APEC中小企业部长会议

APEC中小企业领域的工作主要包括中小企业部长会议和工作组活动。APEC中小企业部长会议是1993年第一次APEC领导人非正式会议确定召开。自1994年以来，APEC中小企业部长会议作为APEC框架下的部长级会议之一，每年举办一届，由APEC东道主承办，由各成员体负责中小企业事务的部长参加。

中小企业部长会议的目的是为了找出影响亚太地区中小企业发展的领域，协调政策措施并讨论如何在这些方面加强合作，推动各成员中小企业的共同发展。

APEC中小企业部长会由东道主发出邀请函。部长会议举办前两天将召开APEC中小企业工作组会议，为部长会议做准备。部长会议持续1天，根据APEC中小企业工作组制定好的主题、议题听取报告并发言，会议结束后举行新闻发布会。

2. APEC中小企业工作组活动

APEC中小企业工作组（Asia-Pacific Economic Cooperation Small and Medium Enterprises Working Group，SMEWG）的前身为APEC中小企业临时政策组。根据1994年10月在日本大阪举行的第1次中小企业部长会议的建议，APEC中小企业临时政策组于1995年成立，主要宗旨是促进APEC各成员体改善贸易投资环境，促进中小企业成长与繁荣。2000年，鉴于该临时政策组的重要地位以及突出贡献，APEC将其正式更名为APEC中小企业工作组（SMEWG）并且对其授予了永久地位。

APEC中小企业工作组致力于实现《茂物宣言》的既定目标，通过交流成功经验、推行能力构建活动，创造有利于中小企业发展的环境。

中小企业工作组确定了中小企业发展的五大领域，即人力资源开发、信息获取、技术和技术共享、融资和市场准入。

目前APEC中小企业工作组每年召开2次会议，其中1次在东道主成员体，另1次在其他成员体。APEC中小企业工作组的重要职责之一是为APEC中小企

业部长会议做好各方面准备。

我方代表团在本次会议上开展了大量工作，全方位开展了双多边交流，听取了各成员体办会建议，并推介了第 8 次 APEC 中小企业技术交流暨展览会，介绍了我方拟举办的 APEC 工商论坛、APEC 中小企业融资创新论坛的筹备情况。另外，我方宣传了中国在推动高增长型（专精特新）中小企业领域的政策经验，引起了与会代表的关注。会议期间，我方还通报了第 21 次 APEC 中小企业部长会议的筹办情况。

二、APEC 中小企业工作组的发展历程

1995 年 2 月成立的"中小企业政策特设小组"（PLGSME），小组于 2000 年改名为中小型企业工作小组。2006 年，中小企业部长通过了 SOM 督导委员会的建议经济技术合作委员会（SCE）对贸易促进工作组的报告进行了审查（WGTP）被纳入 SMEWG 1。沿着它的发展和增长轨迹，集团传统起草原则框架文档指导其战略目标和规划活动，促进中小企业的发展，以及加强亚太经合组织致力于中小企业工作的有效性，如中小企业活动的框架（1997），中小企业发展的综合行动计划（跨度的 1998/2002），和战略计划 2009—2012 年和 2013—2016 年。亚太经合组织领导人同意，在实现茂物目标和横滨愿景的同时，为亚太经合组织技术援助和能力建设活动寻求一条发展道路，促进亚太经合组织地区公平包容。亚太经合组织中小企业市场工作组由数百万中小企业组成，贸易部长们重申有必要消除和消除企业特别是中小微企业的壁垒，加强中小微企业之间的联系，并使其融入区域和全球贸易：包括全球价值链。随后，在整个亚太经合组织，越来越多的中小微企业相关活动扩大了全面实施的 SMEWG 战略计划 2013—2016 年。然而，中小企业仍然面临贸易壁垒和出口挑战，阻碍它们充分参与全球市场。通过简化复杂的规章制度和提供必要的能力建设方案来减少壁垒，将加强中小企业实现全球化贸易利益的能力；特别是在数字贸易领域。2015 年对油污工作组的独立评估也阐明了油污工作组可以提高其有效性的领域。根据 2015 年评估结果提出的建议将纳入中期选举工作小组 2017—2020 年战略计划。在此背景下，制定了中小企业工作组 2017—2020 年战略规划（the SMEWG Strategic Plan 2017—2020）。该计划将为解决亚太经合组织地区中小企业发展面临的关键和新问题提供路线图。

第二节　APEC 中小企业组的主要活动及成绩

APEC 中小企业工作组致力于实现《茂物宣言》的既定目标，通过交流成功

经验、推行能力构建活动，创造有利于中小企业发展的环境。

2013年9月2日至6日在印度尼西亚巴厘岛举行第37次APEC中小企业工作组会议。会议主要讨论了中小企业工作组战略计划（2013—2016）、APEC中小企业监测指数、妇女创业、提高中小企业全球竞争力等议题，并分享了在APEC中小企业工作组战略计划指导下各优先领域实施项目的进展情况。会议对2013年中小企业工作组通过的项目进行了报告，对新的项目建议进行了介绍，并对APEC工作组项目申请的有关要求进行了通报。我代表团在会上就2014年第21次APEC中小企业部长会及第8次APEC技展会筹备情况进行了专题发言。

第38次APEC中小企业工作组会议于2014年3月24日至28日在中国台北台中市举行。除俄罗斯、新西兰、智利、秘鲁缺席外，其他17个成员体均出席了本次会议。会议报告了中小企业工作组2014年工作计划进展情况、发展状况关键考核指标（KPI）分析以及2013—2016年中小企业工作组战略行动计划的概要情况。会议指出，针对2013年领导人声明文件中多次强调的促进贸易融资、降低制度壁垒等问题，中小企业工作组已经开展了广泛的工作。之后会议讨论了2014年新的APEC资助项目，以及进一步完善KPI指标的相关议题，各成员体分享了在推动中小企业发展方面的最佳实践经验和相关成果。

2018年9月12日至13日，第47届中小企业工作组会议在巴布亚新几内亚莫尔斯比港举行。

第三节　APEC地区中小企业的发展现状

一、中小企业在APEC中有重要作用

1. 中小企业是APEC各成员体经济的重要引擎

2013年，亚洲开发银行发布的《亚洲中小企业金融监测》显示，中小企业为亚洲国家创造了66%的就业岗位，贡献了38%的GDP（或者工业附加值）。2007—2012年，亚洲国家中小企业的数量达到其企业总数的98%以上。

亚洲各国企业的主体已经是中小企业，这些中小企业在就业、GDP、出口等方面发挥着重要作用。

中小企业在我国国民经济发展中，始终扮演重要角色，是我国国民经济的重要组成部分。作为市场竞争机制的真正体现者和参与者，中小企业可以说是经济发展的基本引擎，其特点是经济多样化、分散化，这也体现出中小企业的先进性、革命性。同时，中小企业给大企业做配套服务，与大企业形成协作一体化，其生产和经营灵活性，大大节约了生产成本，减少了大企业的经营风险，增强了

大企业产品的市场竞争力。中华人民共和国成立以来，中小企业就担负着解决就业、活跃经济的重要使命。中小企业广泛分布在我国国民经济的各个领域，由于其数量众多、涉及面广，已成为经济增长的主要因素。据资料显示，改革开放以来，中小企业对我国经济的贡献率在不断上升，中小企业数量猛增、发展迅速，对我国能有今天的经济成长功不可没。20世纪80年代以来，中小企业一直保持在30%左右的年产值增长率，这远高于总体经济年产值增长率。"八五"期间，国内生产总值净值的30%，工业净增加值的50%，来自于各种类型的中小企业，1996年我国中小企业的工业增加值占全部独立核算工业的56%以上。20世纪90年代以来，中小企业对我国工业新增产值贡献了76.7%。

2. 中小企业对解决就业和稳定社会起着重要作用

随着科技的发展，大企业由于现代化程度高，规模集中，而且趋向于以资本代替劳动，能够提供的劳动岗位越来越少。而中小企业多集中在劳动密集型的产业，等量资本所吸纳的劳动力远多于大企业，因而可以提供更多的就业机会，吸纳更多的劳动力。中小企业能够吸纳大企业分流出来的劳动力，对维护社会稳定起着重要作用。Birch（1979）在研究美国就业状况变化时发现：1969—1979年，少于20人的小企业所提供的新增就业机会占全部就业机会的66%。另外，东亚地区主要以发展中国家为主，在这里存在着大量中小微企业，为当地提供大量的就业机会、减少贫困人口，对维持当地经济增长等都发挥着重要作用。

世界各国都积极鼓励中小企业的发展，其中重要原因就是中小企业在活跃经济和解决就业方面的重要作用。就业充分，社会才会稳定，经济发展才能有保障，中小企业涉及面广、数量巨大、投资少、开业快、经营灵活、对劳动者劳动技能要求低，且大部分是从事劳动密集型产业，因而吸纳劳动力的容量相对较大，能提供大量的工作岗位。据美国联邦参、众两院中小企业委员会和中小企业管理局介绍，在美国平均每10个人就拥有一个中小企业。1993年以来，美国新增就业岗位中的23%是来自于中小企业，美国就业人口的52%在中小企业，大量中小企业是扩大就业的主要增长点，这减小了政府解决就业的压力。

我国作为一个发展中国家，人口众多，能否妥善解决居民就业问题是关系到国家长治久安、社会稳定的根本保障。据统计，1995年上海大型工业企业人均固定资产净值103万元，小型工业企业人均固定资产净值2.1万元。中小企业在国民经济中存在，有利于解决就业问题，有利于矫正现行的就业结构和产值结构的偏差。

从资源配置的方面来说，这也有利于发挥我国人力资源丰富的这一特点。中小企业是社会就业的主要承担者。据测算，对于相同的固定资产投资，国有中小企业占用国有资产仅17%，吸纳就业量却达74%，吸纳的就业数量为大型企业的14倍，而对于相同的产值，中小企业吸纳的就业数量为大型企业的143倍。我国面临着新增劳力和存量劳力就业问题，特别是经济转型升级，下岗职工再就业的压力越来越大。在基于中小企业发展基础上的扩大就业，目前在我国还有一定的潜力，需要做的事无人做的现象还有所存在，有些潜在的就业机会还没有被人们发掘。特别是一些高新技术企业，更适合于规模小、经营灵活的中小企业。伴随着科学技术的进步和经济全球化的进程，以现代高科技为核心的知识经济的发展，信息的获得更为便捷，社会的消费需要多种多样，瞬息万变，中小企业与知识经济有着某种协调性，更易于更新和创造新的就业岗位。中小企业的这种吸纳劳动力功能对缓解就业压力，维护社会稳定起到了重要的作用。

3. 中小企业是科技创新的重要源泉

科技创新大致可分为四个方面：服务创新、产品创新、工艺创新和管理创新。在20世纪，许多新产品如胰岛素、直升机都是由小企业发明创造的。事实上，20世纪主要发明中60.9%是由独立发明人或小企业贡献，因为高科技产业是高风险产业，大企业一般注重常规生产，不愿意冒风险，而小企业往往成为科技转化为生产力的"实验田"。

美国的中小企业对技术创新能力高度重视，每年对科技研发的资金投入也是巨大的。自20世纪初到70年代，美国55%的全国科技发展项目是由小企业完成的。进入20世纪80年代以后，小企业实现大约70.9%的创新，小企业的人均创新发明数量是大型企业的2倍。2006年美国55%的技术创新成果是来自于中小企业。美国出口的高新技术产品中，70%以上是由中小企业生产的，高科技企业中的中小企业占比达93%。

中小企业贡献我国70%以上的技术创新。截至2017年底，中国在工商部门注册的中小企业已达1 023万户。中小企业贡献了中国50%的税收、60%的GDP，完成了65%以上的发明专利和75%以上的新产品开发，中小企业的在国民经济中的作用不可小觑。

我国中小企业中的高新技术企业，在科技创新、技术开发等方面意识强、行动快，成为名副其实的技术创新生力军。2017年以来，共有246家战略新兴产业企业实现IPO，占新上市企业家数的50%，覆盖了新一代5G信息技术、新能源汽车、高端装备制造、生物医药等关键领域。自2004年深圳中小企业板问世至2018年5月，中小板公司有709家高新技术企业，比例高达78%，而中小板企业中有私募创投背景的企业占比达70%。

4. 中小企业对于促进农业繁荣有着重要的意义

"三农"问题是我国经济和社会发展中的重要问题，振兴乡村，促进农业和农村的发展，对于我国具有特殊的意义。中小企业的管理人员往往来自农村，对农民的消费习惯以及农村市场特点更为熟悉，对农业生产环境的熟悉，能够使他们更好地找到市场需求点。

中小企业也为农民提供大量就业机会，是提高农民收入的重要场所。我国的中小企业相当部分是乡镇企业或私营企业，这些中小企业尤其是乡镇企业把分散的农户集中起来。实现大规模、集约化生产，吸纳了大量农村剩余劳动力。1978年以来，从农村转移出来的2.3亿劳动力主要是靠中小企业吸纳的。这不仅有利于社会稳定，而且对我国农村城镇化进程起到了巨大的推动作用。

农村城镇化、农村工业化是任何一个现代化国家在其发展过程中都要经历的历史阶段。西方发达国家的工业化和城镇化过程都需要中小企业发展的推动。国有中小企业、城乡集体企业、"三资"企业和私营企业大多分布在中小城市和农村城镇，其发展壮大关系着一个地区农村工业化、农村城镇化的发展进程，所以说中小企业对于促进农业繁荣有着重要的意义。

二、APEC各成员体内中小企业发展面临诸多制约因素（现状）

虽然中小企业始终是东亚各国经济的重要支柱，但与数量极少的大企业相比，它们的潜力还没有得到有效发挥，其发展也面临诸多制约因素。

1. 中小企业整体缺乏国际竞争力

东亚主要国家中企业数量的90%以上是中小企业，61%~92%的劳动力就业于中小企业，尤其是在青年人和妇女就业中所占比例极大。但是，东亚各国的中小企业在其总出口和产出中所占份额比较小。另外，东亚发展中国家中小企业的国际竞争力较弱，中小企业出口额占总出口额的比例在19%~31%。

2. 国际市场开拓能力不足

亚洲的中小企业以家族式经营模式为主。企业家的个人能力、社会关系、加工承揽、分包合同等是其业务开拓的主要途径。业务范围主要集中在加工制造业及国内服务行业，这些业务对资金和技术要求不高，主要是为了服务于国内市场的需求，或依附于大企业，以分包商或原材料提供商的身份进入国际市场，其主动参与国际市场竞争的能力不足。

3. APEC中小企业融资难严重制约了其发展

2008年全球金融危机后，银行为规避风险、寻求金融稳定，减少了对中小企业的贷款。传统的商业银行贷款需要抵押物或担保，抵押包括动产或者不动产，其中以不动产的土地和固定资产为主。中小企业由于自身资金实力有限，难以向银行提供抵押物或担保，因此，其获取资金的主要来源是自有资金、民间借贷关系等，这些方式导致其融资成本较高。

我国中小企业融资难的原因主要有：

第一，缺乏现代经营管理理念，经营风险高。70%左右的小企业在成立后的1~3年便倒闭破产。中小企业生命周期的短暂和经营的不确定性，一定程度抑制了金融机构的放贷意愿。

第二，中小企业的规模和信用水平低下。许多中小企业内部财务管理制度不健全，甚至没有建立会计账目，资金管理较为混乱，大大降低了自身的信用度，严重削弱了其融资能力。另外，由于社会征信系统建设和信用信息网络系统建设的滞后，信用信息传输渠道不通畅，导致银企双方信息不对称，极大降低了中小企业的信贷满足率。

第三，我国资本市场体系的机制不完善，比如抵押和担保机制不完善。商业银行一般对抵押物的要求是固定资产，例如大型设备、厂房之类。然而中小企业的特点就是资产少、规模小，可以用作抵押的标的物非常少，大部分中小企业以抵押方式来融资的，基本上难以成功。当然中小企业也可以从民间资本机构，通过担保和抵押来借贷资金，但是民间金融机构的融资成本非常高。

4. 人才匮乏始终是制约中小企业发展的重要瓶颈之一

调查数据显示，日本中小企业面临缺少接班人、主管青黄不接等问题。1995年日本中小企业主管平均年龄是47岁，2015年升高到了63岁。

尽管越南的青年人口约占本国人口的2/3，劳动力资源丰富，但由于业主和雇员素质普遍较低，缺乏管理与技术人才，导致中小企业管理方法十分陈旧，仍停留在家族式的管理状态，难以引进和采用先进的生产技术，导致企业市场竞争力不足。

韩国制造业也面临人力资源短缺的窘境，需要从中国、越南、斯里兰卡、马来西亚等国家招聘产业工人。

我国的中小企业由于社会、历史和自身等诸多方面的原因，使得其地位、环境、条件和实力在竞争中均处于弱势。主要反映在人才匮乏、流失等方面。

中小企业规模小，盈利少。可抵押的资产太少，资金运转不畅通，企业只能在各方面减少投入，首当其冲便是人力资本投入，职工的报酬、福利待遇、必要的培训得不到满足，对企业的业绩和成长会造成极大的负面影响。

在激烈的市场竞争环境中，企业只有时刻紧跟市场需求的变化，才能不被市场所淘汰。与市场接轨的中小企业规模较小，与一些大型集团相比，对于经济环境的变化的适应力弱，同时为中小企业员工提供的培训机会少，员工学习不到先进的技术，导致中小企业业务能力下滑，企业的发展跟不上市场的变化，终究会被市场淘汰。

由于中小企业规模较小，企业的规章制度通常不会做得十分完善，而人力部门则是企业通常会忽略掉的一个部分，不重视导致的管理机制就会在企业经营中出现问题。

中小企业无法保障员工合理报酬、福利等待遇，新入职的员工在熟悉业务时感受不到重视和提升的空间小，就会造成人才流失，企业只有继续招新人，才能维持各项工作的进行，这样的恶性循环，随之而来的是招新、培训成本的增加，造成人力资本投资的严重浪费。

5. 其他因素

除了上述中小企业自身能力因素外，东亚地区经济整体发展水平、法律与体制性因素、社会性因素、创业与投资环境等都在一定程度上限制着中小企业的发展。

在国际化经营的背景之下，中小型企业想要发展自身，就必须不断提升企业的管理水平，增强自身的核心竞争力。然而受到客观条件的限制，我国的中小型企业发展时间较晚，很多企业甚至还被家族文化等传统观念束缚，这也就使得中小型企业难以拓展思路，有效地开拓国际市场，即便是勉强进入国际市场氛围，但也会随着企业的不断发展，暴露出一些弊端，严重影响企业的经营与发展。因此，中小型企业需要积极转变自身的管理思维，提高自身的管理水平，建立健全自身的创新机制，科学合理地利用自身选择优势，不断地开拓市场，提升自身的核心竞争力，发展壮大企业，只有这样才能使中小型企业真正地走向国际市场。

第四节 趋势分析与展望

随着云计算等数字技术的快速发展，例如大数据、人工智能、物联网等，使得商业、行业、企业的边界活动不断扩大。亚太经合组织成员体正在见证新的业务形式、新的行业变化、新的模型和数据元素成为一种新型的生产要素。定制特色以"智能制造"为基础的"数字化"制造工业和"精准化工业互联网"将成为未来的主流。数字经济将提供一个重要的中小企业创新与管理转移的选择。应加强亚太经合组织地区中小微企业创新能力建设，分享大数据利用和人工智能技术，引领第四次工业革命。更好地理解如何利用第四次工业革命技术为亚太经合组织地区中小微企业创造新的商业价值。新一代通信技术的快速进步，正在加速向各行各业渗透和融合，这产生出一批新的经济增长点，为中小企业带来了巨大的发展机遇和广阔的发展空间。

中国深入推进大众创业、万众创新，加快转变政府职能，充分释放全社会创新创业潜能，营造良好的营商环境，有效提高了创新效率、缩短了创新路径，已成为稳定和扩大就业的重要支撑、推动新旧动能转换和结构转型升级的重要力量，正在成为中国经济行稳致远的活力之源。

第 24 次 APEC 中小企业部长会议上，张峰总工程师向大会介绍了我国举办

APEC中小企业最佳创新实践项目、APEC中小企业技术交流暨展览会（以下简称APEC中小企业技展会）以及建立APEC中小企业信息化促进中心的进展情况。他指出，APEC中小企业最佳创新实践项目自2014年在第八届APEC中小企业技展会上首次发布以来，报名参评企业累计超过1 500家，覆盖全部APEC成员体，共有60个项目入选，为促进APEC地区中小企业创新发展方面发挥了积极作用。中国将通过APEC中小企业技展会这个平台，继续为推动APEC中小企业技术交流和创新发展做出自己的努力和贡献。此外，为落实第21次APEC中小企业部长会《关于促进中小企业创新发展的南京宣言》，中国开展了建立APEC中小企业信息化促进中心的可行性研究。研究表明，成立该中心将有利于提升APEC中小企业的信息化水平，有利于加强APEC中小企业的务实合作，有利于促进APEC中小企业的信息化发展。中国将建立并支持该中心为APEC中小企业提供信息化服务。该中心是开放的、非营利性的服务机构联盟，欢迎APEC成员体有关服务机构、行业协会、中小企业等积极参与中心的活动。中国愿意同各成员体一道，为促进数字时代下APEC初创企业的发展贡献自己的力量。

主要参考文献

陈妍.2011.中小企业在我国经济中的地位和作用——2010年规模以上工业企业数据分析[J].经济研究参考（37）：83-84.

贺琴，张媛，贺源源.2012.浅谈中小企业融资困境及对策[J].科海故事博览·科教创新（1）：18.

李琪，张忠慧.2016.试论中小企业如何开拓国际市场[J].中国商论（3）：4-6.

李钊松.2019.关于中小企业的人力资本投资管理研究[J].西部皮革（9）：104.

刘增文.2013.分析中小企业在我国经济发展中的作用和地位[J].现代经济信息（11）：93-93.

田力.2009.我国中小企业与大企业合作关系研究[D].北京：中央民族大学.

王玉主，李嗜成.2018.东亚中小企业合作：现状、问题和对策[J].国际贸易（4）：57-62，67.

新形势下中小企业面临融资难的困境.［2018-07-19］.http：//www.sohu.com/a/242071991_401058.

邢菁.2009.中小企业会计信息化研究[D].太原：山西财经大学.

佚名.2017.第24次APEC中小企业部长会召开[J].信息技术（10）：4.

张纪元.2017.中小企业会计信息化研究[J].科学与财富（15）.

朱彤.2018.第十届APEC中小企业技术交流暨展览会圆满结束 国际创新成果区成效斐然[J].中国对外贸易（7）：52-53.

第四章 整合4.0

第一节 背景及内涵概述

一、背景

整合4.0源于工业4.0的理念。所谓工业4.0,是基于工业发展的不同阶段作出的划分。按照目前的共识,工业1.0即第一次工业革命,是蒸汽机时代;工业2.0即第二次工业革命,是电气化时代;工业3.0即第三次工业革命,是信息化时代;工业4.0则是第四次工业革命,是利用信息化技术促进产业变革的时代,即智能化时代。这个概念最早由德国提出。德国工业4.0的雏形最早可以追溯到2006年发布的"国家高技术战略",该战略旨在推动互联网技术在制造业中的应用。2010年,德国发布了更新版的"国家高技术战略2020",随后在这个框架下逐渐提出工业4.0概念,还提出要建设相应的推进平台。2013年在汉诺威工业博览会上,德国政府正式提出"工业4.0"的理念,宣布开展第四次工业革命,并发布相关计划,旨在建立一个与互联网融合的智能化先进制造方式,提高效率、降低成本和加快反应速度,从而保护"德国制造"的国际领先地位。此后,第四次工业革命(即:工业4.0)的理念迅速蔓延,包括美国、法国、日本在内的其他主要制造业大国也纷纷制定了自己的新产业发展战略,力图占据新产业变革的制高点。

二、内涵

德国工业4.0强调生产信息的数据化、智慧化和产品供应的定制化,具体来说,就是通过物联信息系统将原材料采购、制造、物流、销售等生产全过程的相关信息数据化,实现快速、高效满足消费者个性化的产品需求。德国工业4.0包括智能工厂、智能生产和智能物流三大主题。其中,智能工厂旨在实现生产系统及过程的智能化,以及生产设施分布的网络化;智能生产旨在实现生产流的智能管理,包括人与智能生产系统的互动;智能物流则是整合互联网、物联网、物流网等物流资源,实现供需智能匹配,提高物流资源供应效率。

工业4.0的本质是通过自动化的数据流动，实现生产成本的同质化、规模化，以及产业发展的异质化、定制化，从而引导规模经济转向范围经济。工业4.0驱动新一轮工业革命，具有五大特征（孔令辉，2016）。一是互联。传统工业模式中，生产者与消费者之间存在信息不对称现象。进入工业4.0，由于互联网技术的普及，这种信息不对称大大降低，生产者和消费者之间的相互联系和及时反馈成为可能，从而催生出新的商业模式——消费者驱动型商业模式，"互联网+制造业"使得"C2B2C"的商业模式日臻成熟。二是数据。随着传感器、智能设备、智能终端全面融入生产和生活，工业4.0将产品数据、设备数据、研发数据、工业链数据、运营数据、管理数据、销售数据、消费者数据等紧密连接在一起，并逐步实现数据流动自动化。三是集成。工业4.0利用信息物理系统构建一个智能网络，实现企业内部的纵向集成、企业间的横向集成和端到端的集成。企业内部的纵向集成强调产品全生命周期所有环节信息的无缝连接。企业间的横向集成则是围绕价值链，利用信息网络整合资源，实现各企业间的信息共享、业务协同和无缝合作。端到端的集成强调产品全生命周期和价值链的对接，并将客户纳入价值链中，以重构产业链各环节、各要素的价值体系。四是创新。创新驱动发展，工业4.0集成技术、产品、模式、业态、组织等多方面的创新，驱动制造业转型升级。五是转型。工业4.0是从生产型制造转型成服务型制造，未来生产和服务的界限会更加模糊，未来的工厂有可能从集中式生产转成分布式生产，整个生产的过程更加柔性化、个性化、定制化。

第二节 中国整合4.0发展现状

第四次工业革命的概念自提出以来，已经在世界上多个制造业大国引起了巨大反响。中国政府在2015年提出了"中国制造2025"战略，以推进信息化和工业化深度融合为主线，大力发展智能制造，构建信息化条件下的产业生态体系和新型制造模式，以应对新一轮的科技革命和产业变革。可以说，中国以"智能制造"为抓手，积极探索工业4.0发展道路。

近年来，我国制造行业逐渐呈现出稳定发展态势，其中，智能制造行业成为驱动我国制造行业的主要动力之一。当前我国智能制造行业发展呈现以下特征。一是自动化生产线成本大幅下降，成本优势使得企业在扩产时，优先选择自动化程度较高的生产线，并有动力对原有的生产线进行改造。二是政策支持力度空前加大，自动化信息化改造项目大多能享受政府补贴。智能化改造已经成为部分地方政府大力推进的项目工程。三是产业竞争日趋激烈，智能化升级已经成为制造业的当务之急，是提高产品质量、提升生产效率、优化成产过程，提升竞争力的关键所在。四是智能制造国产化支持力度逐年加大,知识红利开始显现。使得中国智能制造迅速发展,国产化进程加速。

第三节　APEC 成员体 4.0 发展实践

一、美国

美国工业 4.0 更多的是指工业互联网,通过将虚拟网络与实体连接,形成更有效率的生产系统。2008 年金融危机后,美国以制造业为突破口,开始探索工业 4.0 道路。从整体上来看,美国工业 4.0 走的是"政府推动,实施再工业化"路线。2009—2012 年,《重振美国制造业框架》《先进制造伙伴计划》《先进制造业国家战略计划》等先后出台,为美国工业 4.0 奠定了理论基础,提供了战略指引。2013 年,《国家制造业创新网络初步设计》发布,开始组建美国创新制造业网络,围绕数字化制造、新能源以及新材料应用等领域,打造一批创新集群,标志着美国工业 4.0 开始走向实践,并迅速发展。

二、日本

日本工业 4.0 以人工智能为突破口,着力解决人力成本高昂、劳动力断层等问题,以支持未来的制造业智能化。目前,日本制造业领域的人工智能技术应用集中于设备、生产线、供应链等场景(赛迪智库,2019)。利用人工智能技术,日本制造业基本实现生产现场协作优化、产品质量监测管理和物流供应能力优化。在推动人工智能与制造业深度融合方面,主要是基于知识图谱和深度学习技术,实现技术供给能力定制和工业需求特点适配。

三、韩国

2013 年德国提出工业 4.0 后,作为全球制造业较为发达的韩国,也积极探索制造业转型升级战略。2014 年,韩国开始实施"制造业创新 3.0"战略,标志着韩国工业 4.0 正式进入实践阶段。韩国工业 4.0 强化工厂智能化,着力打造"智能工厂集群"。智能工厂集群包括三部分:一是融合了物联网、信息物理系统、大数据等先进技术的标杆智能工厂提供研发和咨询服务,发挥带头示范作用;二是搭建模型智能工厂平台,并与标杆智能工厂系统联动运营,实现生产线的追加和再调配;三是开发智能工厂云计算应用软件,提供检测、咨询、大数据分析等云计算服务。

四、泰国

泰国巴育政府于 2016 年首次提出 4.0 战略，在这一改革计划下，泰国经济将更倚重创新和技术推动，将传统的农业种植模式升级为智能化农业，将传统的中小企业升级为智能型中小企业，将传统的服务业升级为具有高附加值的服务业。为此，泰国推出了"东部经济走廊"计划。该项目规划在泰国东部沿海的北柳、春武里和罗勇 3 府，大力发展基础设施，实行一系列投资优惠政策鼓励高附加值产业发展。

在"东部经济走廊"推出两年后，泰国政府决定效仿"东部经济走廊"的投资发展模式，打造一条包括拉廊、春蓬、素叻他尼和洛坤 4 个府的"南部经济走廊"。泰国政府于 2018 年 8 月首次提出"南部经济走廊"的概念，希望通过建设这一走廊，重点改进南部上端 4 个府的交通运输基础设施，使这 4 个府成为衔接太平洋泰国湾与印度洋安达曼海域的枢纽陆桥，并且成为"孟加拉国-印度-斯里兰卡-泰国合作倡议-环孟加拉湾多领域经济技术合作组织"的开发中心，由政府主导带动民间企业对 4 个府进行密集工业与交通设施投资，开发陆运、海运与空运无缝衔接。

第四节 农业 4.0 展望

工业 4.0 打破了传统的行业界限，带来跨行业的重组和融合，农业也必将融入这场时代的变革中。农业要加强合作和信息的共享，与城镇化、信息化和工业化同步推进。所谓农业 4.0，是将物联网、大数据、移动互联、云计算技术植入农业生产全过程，形成的集高度集约化、精准化、协同化、社会化、生态化于一体的新的农业形态，即智慧农业（温铁军等，2016；李道亮，2018；牛沐萱，2018）。

中国作为一个农业大国，世界 10%的耕地、6%的淡水养活了世界 20%的人口、提供了世界 25%的粮食，但这一成果的取得是以大量资源消耗和生态环境破坏换来的。在生态文明建设上升为国家战略的新时期，亟须走一条以信息技术为核心的网络化、智能化、精细化、组织化的农业发展道路，提升农业生产效率和增值空间。以智能农业为特征的农业 4.0 发展模式能够促使农业规模化、标准化、产业化发展，升级农业生产、经营、管理、服务的技术装备，挖掘、提升潜在生产能力，这将是未来中国农业生产实现持续健康发展的有效途径。

主要参考文献

孔令辉. 2016. 工业4.0简介及海马4.0建设浅见［A］. 2016年海南机械科技学术年会论文集［C］. 海南省机械工程学会、海南省机械工业质量管理协会：海南省机械工程学会，12.

李道亮. 2018. 农业4.0——即将到来的智能农业时代［J］. 农学学报，8（1）：207-214.

牛沐萱. 2018 在农业4.0时代如何做农业［J］. 农经（9）：56-58.

赛迪智库.［2019-06-24］. 借鉴日本经验推动人工智能与制造业深度融合［N］. 中国计算机报，（11）.

温铁军，张俊娜，邱建生，等. 2016. 农业1.0到农业4.0的演进过程［J］. 当代农村财经（2）：2-6.

第五章 APEC 数字经济

当前是一个巨大技术变革的时代。云计算、大数据、人工智能、智能制造、区块链和工业互联网等新技术高速发展。数字技术的应用正在整合我们的经济、工业与社会，为各国经济可持续发展提供新动能。数字经济突破了空间的限制和时间的约束。政府、厂商、消费者通过数字网络进行的交易迅速增长。"数字红利"已然显现！

APEC 是亚太地区最具影响力的经济合作官方论坛。APEC 人口占世界比例约为 40%，GDP 占世界的比例为 56%，贸易额占世界的比例为 48%。APEC 在全球经济活动中具有举足轻重的作用。APEC 成员体发展数字经济对于助推实体经济发展，加快产业转型，提振国际贸易和投资具有重要现实意义。数字经济发展已经成为各 APEC 成员体的共同目标。

第一节 数字经济内涵、基本特征及发展回顾

一、数字经济的内涵

中国通信研究院（China Academy of Information and Communications Technology，CAICT）在发布的《中国数字经济发展白皮书 2017》将数字经济定义为：数字经济是继农业经济、工业经济之后的更高级经济阶段；是以数字化的知识和信息为关键生产要素，以数字技术创新为核心驱动力，以现代信息网络为重要载体，通过数字技术与实体经济深度融合，不断提高传统产业数字化、智能化水平，加速重构经济发展与政府治理模式的新型经济形态。

二十国集团（G20）认为数字经济是指广泛的经济活动，包括使用数字化信息和知识作为生产的关键因素，现代信息网络作为一种重要的活动空间，有效的使用信息和通信技术（Information and Communications Technology，ICT）作为一个生产力的增长和经济结构优化的重要推动力。互联网、云计算、大数据、物联网、金融科技等新数字技术，实现了信息的数字化采集、存储、分析、共享和社会互动的转型。信息化、网络化、智能化的信息通信技术，使现代经济活动更加灵活、敏捷、智能。

国际货币基金组织（International Monetary Fund，IMF）2019年的报告《中国数字经济：机遇和风险》认为，狭义的科技指ICT技术，广义来讲则包括ICT技术以及其他数字科技应用在传统领域。经济合作及发展组织（Organization for Economic Co-operation and Development，OECD）对数字经济的定义使用狭义定义，并指出中国的数字经济占中国GDP的6%。CAICT应用广义定义，指出中国的数字经济占其GDP的30%左右。

数字经济是指一个经济系统，在这个系统中，数字技术被广泛使用并由此带来了整个经济环境和经济活动的根本变化。数字经济也称为网络经济或者新经济，是与传统经济相对的一个概念。

二、数字经济的基本特征

第四次工业革命给各成员体和企业带来了机遇，同时也对各成员体和企业造成了极大的冲击。随着发达的信息网络和先进的通信技术在实践中的应用，全球经济格局发生了极大地变化，世界的联系更加紧密，互联网经济快速推动了生产力的增长，促进创新型结构性改革，增强中小微企业的发展和人力资源的开发，有助于增加市场准入。在应对这些变化时，有的成员体和企业适应了这些挑战，然而更多成员体还在克服数字经济带来的挑战，主要包括信息基础设施建设、硬件和互联网的可获取性和覆盖范围、人力资源发展等。这些差异都是当前必须解决的问题。

由于数字经济是建立在信息网络的基础上，要实现亚太地区数字经济全面发展，必须要求通信网络全覆盖，开展信息通信技术基础设施和服务建设，扩大宽带接入，改善数字经济准入原则，推动完善数字经济环境。但是亚太区域发展极不均衡，多数地区基础设施建设不完善，要继续推进数字经济还需进一步加强各区域信息基础设施建设。

数字经济本身具有以下特征。渗透性较强。信息技术的渗透性非常强，尤其是对于零售贸易、批发贸易、广告、媒体出版业务、运输服务、通信及相关设备服务、金融服务、旅游服务、安全服务、实验室服务、制造业、机器人的渗透性较强。第一、第二和第三产业相互融合的趋势。边际效益递增性。主要表现为：一是数字经济边际成本递减；二是数字经济具有累积增值性。环境保护性特征。数字经济在很大程度上能有效杜绝传统工业生产对有形资源、能源的过度消耗，造成环境污染、生态恶化等危害，实现了社会经济的可持续发展

三、数字经济发展回顾

数字经济是随着互联网的发展而产生的一种新的经济形态。从数字经济概念

的提出到现在数字经济的全面发展仅仅经历了二十多年的时间。1995年,加拿大商业策略大师唐·塔普斯科特出版了名为《数字经济》的著作,详细论述了互联网对经济社会的影响。塔普斯科特被认为是最早提出"数字经济"概念的人,被中国媒体称为"数字经济之父"。在此后,尼古拉斯·尼葛洛庞帝的《数字化生存》、曼纽尔·卡斯特的《信息时代:经济、社会与文化》等著作问世,数字经济的理念迅速流行开来。

各国政府也把发展数字经济作为推动经济增长的重要手段。1997年日本通产省开始使用数字经济一词。1998年美国商务部发布《浮现中的数字经济》报告,此后持续关注这一新经济现象,并以数字经济为主题发布了多个年度研究成果。进入21世纪,尤其是2008年国际金融危机以来,各国纷纷制定数字经济战略,加快发展数字经济已成为世界共识(表5-1)。

表5-1 主要国家数字经济战略的发展状况

国家/地区	时间	战略
美国	2015年11月	数字经济议程
	2016年12月	加强国家网络安全——促进数字经济的安全与发展
欧盟	2010年5月	欧洲数字议程
	2015年5月	数字单一市场战略
英国	2009年6月	数字英国
	2013年6月	信息经济战略
	2015年2月	英国2015—2018年数字经济战略
	2017年3月	数字化战略
	2017年5月	《数字经济法案》正式成为生效法律
德国	2010年11月	数字德国2015
	2014年8月	数字议程(2014—2017)
	2016年3月	数字战略2025
法国	2008年10月	2012数字法国计划
	2011年12月	数字法国2020
	2013年2月	数字化路线图
俄罗斯	2017年7月	俄罗斯联邦数字经济规划
澳大利亚	2004年7月	信息时代的机遇和挑战:2004—2006年澳大利亚走向信息经济的战略框架
	2011年5月	国家数字经济战略
	2016年10月	澳大利亚数字经济升级
印度	2015年7月	数字印度

来源:腾讯研究院,2017年10月

第二节　APEC 数字经济发展历程、重点议题及主要任务

一、APEC 数字经济发展历程

创新是引领经济增长的引擎，是实现经济高质量发展的重要动能。APEC 作为推进亚太地区经济技术合作、贸易投资自由化和便利化的论坛，始终致力于采取创新型措施，培育新的增长动力和竞争优势，为本地区的经济增长增添动力。经济的数字转型具有刺激创新、提高效率和改善服务供应的潜力。亚太经合组织各成员体必须共同努力，维护作为多种用途的互联网平台，通过改善接入、提升数字技能和本地区数字经济的创新潜力，缩小数字鸿沟。

APEC 已经采取了许多相关举措。一方面致力于与互联网和数字经济相关的基础设施建设和监管力度的提升，另一方面设计更好的方式来衡量亚太经合组织在这些问题上开展的工作的成果。具体发展历程如下（表 5-2）。

表 5-2　2014—2019 年 APEC 数字经济发展历程

时间（年）	地点	内容
2014	中国北京	APEC 通过了《亚太经合组织促进互联网经济合作倡议》
2015	菲律宾马尼拉	APEC 成立了"互联网经济特别指导小组"
2017	越南岘港	APEC 提出了《互联网和数字经济路线图》框架
2018	巴布亚新几内亚	APEC 致力于将这一领域的工作正规化
2019	智利圣地亚哥	APEC 引导未来几年互联网经济工作的初步流程和方向
2019	中国青岛	APEC 中小企业数字经济论坛

2014 年，亚太经合组织领导人会议正式确认互联网经济在促进创新发展、扩大经济参与方面的作用。同时会议批准了《亚太经合组织促进互联网经济合作倡议》，会议进一步讨论互联网经济，促进各成员在发展互联网经济、促进技术和政策交流方面开展合作，以弥合各成员体之间存在的数字鸿沟。

2015 年，考虑到互联网和数字经济在 APEC 创新发展方面的重要作用，亚太经合组织成立"APEC 互联网经济特别指导小组"（Ad Hoc Steering Group on the Internet Economy，AHSGIE），特别指导小组旨在指导有关互联网经济问题的讨论，加强成员体在发展数字经济方面的合作，开展技术与政策交流，进而弥补各成员体之间的数字鸿沟。

2017 年，APEC 会议提出了《亚太经合组织互联网和数字经济路线图》，路线图在越南 APEC 会议上得到了高级官员的认可，并受到领导人的欢迎。该框架

为促进各成员之间的技术和政策交流，促进创新、包容和可持续增长的关键领域和行动提供指导，其目标之一是消除亚太经合组织地区的数字鸿沟。同时，路线图确定了 11 个重点发展领域（表 5-3）。

表 5-3　APEC《互联网和数字经济路线图》11 个重点发展领域

序号	项目
1	加快数字基础设施建设
2	促进互联互通（互操作性）
3	实现宽带接入
4	发展互联网及数字经济的整体政策架构
5	促进互联网和数字经济监管方法的一致性与加强合作
6	促进创新和采用适当的技术和服务。
7	加强使用通信技术的安全性
8	促进信息和数据的自由流动，以促进互联网和数字经济的发展
9	改善互联网及数字经济的基础设施
10	增强互联网和数字经济的包容性
11	推进电子商务便利化和数字贸易方面的合作

资料来源：www.apec.org

2018 年，亚太经合组织致力于将互联网和数字经济领域的工作正规化。亚太经合组织工商理事会强调有必要在互联网和数字经济领域实质性问题上取得进展。

2019 年，APEC 拟确立未来几年互联网经济工作的初步流程和发展方向。APEC 致力于利用当前和未来的互联网和数字经济发展，推动亚太自由贸易区建设；利用数字技术推动贸易投资便利化和业务精简，促进区域经济一体化；继续推动数字经济相关政策和法规开展交流与合作；制定一种监管规则，提供适当审慎的监督、合法的消费者保护，同时促进数字贸易的发展；向数字经济方向的转变，为包括中小微企业在内的所有行业和各种规模企业带来了广泛的经济增长；提升女性在数字经济方面的参与度。

2019 年 5 月 29 日，第 48 次 APEC 中小企业工作组会议暨 APEC 中小企业数字经济论坛在中国青岛召开。此次会议由中国互联网协会、亚太经济合作组织中小企业信息化促进中心联合举办。论坛的主题为"数字助力、融合发展"，旨在提升 APEC 中小企业创新能力，加速 APEC 中小企业转型升级，促进 APEC 中小企业间相互协同发展，并全面提升 APEC 中小企业的数字经济能力。APEC 成员体中，中小企业数量庞大、带动就业能力最强。数字经济的发展创造了新的供给与需求，极大地拓展了市场空间，中小企业成为其中最大的受益者。借助新一代信息技术，中小企业可以与大企业站在同一起跑线上，更加广泛地参与创新合作，更加深入地融入全球产业链、价值链。

二、APEC数字经济建设重点议题

1. 加强通信基础设施投资

完善的基础设施是商品和服务的生产所必要的。道路、港口和机场是贸易和交通的门户；能源基础设施对生产至关重要；清洁的水和卫生设施确保了健康和富有生产力的劳动力。同样，普遍、可靠和负担得起的信息和通信技术是参与数字经济的关键。事实上，《2018年亚太经合组织结构性改革和基础设施经济政策报告》显示，公共和私人资本存量每增加10%，人均产出将分别增加1.1%和1.5%。然而，尽管数字基础设施很重要，各成员体往往对这个部门投资存在严重不足，从而对生产力产生不利影响。

尽管公共部门投资对基础设施发展做出了重大贡献，而且很可能仍将继续向前发展，但考虑到缺口的规模，还需要调动私营部门投资。鼓励私人投资基础设施，需要有健全的基础设施治理和项目优先级流程。各成员体还需要完善体制机制安排，尽可能支持私营部门的参与和竞争，并提供支持私营部门融资的体制环境。

互联网的使用和通信系统的互联网协议标准以及其他有关技术产品和服务的国际标准在整个经济领域的使用，为互联网和数字经济创造了结构性基础。鼓励各成员体为发展数字基础设施，创造有利且具竞争力的环境，并推行鼓励投资的政策，以支持互联网和数字经济。

2. 增强互联互通

互联网络和数字经济互联互通十分重要，数字基础设施日益促进经济和社会各领域的发展。数字技术能够通过开放互联网以及基于互联网的平台和应用程序之间的选择和竞争，为本地个人和企业提供规模和范围更大的经济机会。这将促进数字贸易，并强调必须在平等的基础上支持进一步发展与当地有关的经济活动和服务。

互联网开放层面。促进自由和开放的互联网，以支持制造商和服务提供商的数字需求，并使业务创新成为可能。2016年，互联网对销售额的影响达到2.1万亿美元。根据经济合作与发展组织（OECD）的数据，互联网的使用在十年间几乎翻了三倍，从2005年的大约10亿用户增长到今天的30多亿。截至2017年8月，全球移动互联网用户已达35亿。

互联网接入互联互通层面。通过消除建设新网络的障碍，促进新技术的应用,增加获得许可和未获得许可频谱的可用性,促进互联网的广泛使用;互联网接入仍然分布不均:在中高收入成员体中,约40%的家庭已经实现互联网接入,而在高收入经合组织成员体中,这一比例超过80%。随着越来越多的人和公司接入互联网,从而增加数据量,这些数据反过来将带来更多的经济增长。

数字技能互联互通层面。提高各成员体的数字技能和教育水平,确保企业和工人能够充分利用数字技术。根据世界银行《2016年数字红利报告》,就业岗位越来越趋向于数字技术密集型。自2000年以来,低收入和中等收入成员体的ICT就业强度增加了近10%,平均速度几乎是高收入成员体的2倍。使用数字技能和技术的工作人员的薪酬比同等教育水平但从事传统任务和工作的同行高25%~40%。允许数据自由地跨国界流动,使所有公司都能够按照最适合其业务规模、结构和性质的方式传输和访问数据。麦肯锡全球研究所(the McKinsey Global Institute,MGI)估计,2005—2012年,全球跨境网络流量增长了18倍,到2025年可能会再增长8倍。MGI研究得出,2003—2014年,跨境数据流量每年使全球GDP增长3%。2014年,国际数据流量对全球经济的贡献为2.8万亿美元,到2025年,这一数字可能达到11万亿美元。

数字政策互联互通层面。由于世贸组织暂停对电子传输征收关税,各APEC成员体基本上免除了这类关税和税收;明令公司确保用户信息安全;禁止胁迫公司将转让或允许访问技术、源代码、算法或加密密钥作为进入市场的条件;促进制定强有力和平衡的版权规则,以推动新技术的发展。

3. 促进中小微企业发展

中小微企业作为全球供应链上关键的参与者,直接或间接地参与了经济活动的各个环节。APEC十分重视对中小微企业的全面深化改革,力图通过调动中小微企业的积极性,继续推动中小微企业改革创新,促进中小微企业能力建设,为中小微企业参与全球分工提供良好的建议,例如通过"APEC中小企业综合行动计划""数字经济战略""长滩行动计划"等,鼓励PPP的方式,切实保护中小微企业利益,支持中小微企业绿色可持续发展。数字技术在行业间应用不仅能够改变中小微企业,而且能够影响世界分工。APEC鼓励中小微企业充分利用数字信息网络,通过加强机构间数字网络建设,不断提高中小微企业国际化水平和综合竞争力。随着企业的发展和自然环境的恶化,各成员体也呼吁中小微企业在发展的同时要注意环境保护,坚持绿色健康发展,推动可持续创新型企业建设。APEC也注意到中小微企业在发展的过程中也面临着很多问题需要共同努力协商解决,制定统一的合作和监管标准,确保中小微企业的经营环境安全可靠,保护中小微企业参与经济活动的信心,增强其创新发展的积极性,努力提高中小微企业的核心竞争力。

研究表明，只有少数中小微企业能够具有应用电子商务的潜力。部分发展成员体仅有20%的中小企业通过网络销售，应用电子商务的意识淡薄，甚至缺乏基本的商业技能。即使有多年网络销售经验的中小微企业，也需要在电子商务销售策略、品牌和产品包装、在线营销中进行更有针对性的培训。电子商务对质量的要求更高，不仅对产品本身，而且对它们在网络上的呈现方式也有更高的要求。

电子商务平台为进入更广阔的市场提供了便利，特别是在跨境贸易方面，为中小微企业在海外销售提供了必要的监管信息收集。电子商务平台已经可以通过网站在特定成员体销售产品，从而在一定程度上提供了必要的产品信息，但中小企业仍然面临着满足可持续性、行业和产品标准要求的挑战。

虽然加入适合中小企业成员体内部市场的网络平台相对容易，但要在适合海外市场的平台上销售却比较困难。大多数APEC成员体要求网络平台上的注册卖家必须在当地拥有商业资质，这一条件意味着中小企业很难在其他市场上满足。

物流成本是电子商务成本的重要组成部分。除非产品足够独特，买家愿意支付较高运费，否则中小企业将包裹运送到成员体以外地区缺乏竞争力。为了提高竞争力，中小企业需要通过中间商提高销售数量，这些中间商可以提供更好的运输费用折扣，或者通过使用电子商务平台运营商安排的物流节省成本。

良好的数字基础设施，包括通信科技、付款服务、邮政服务等，对电子商务的发展及中小企业的国际化至关重要。低廉的互联网接入成本有助于互联网普及，并提高中小微企业对电子商务的认识。对互联网基础设施监管十分重要，如透明的法规、通过电子单一窗口的快速通关，以及从商业登记到税收再到国际标准的制定，有助于营造整体便利的商业环境。

亚太经合组织各监管机构和市场参与者之间的定期对话有助于了解新兴技术的发展趋势。同样重要的是，听取可能对其他成员体有益的政策建议。例如，中国数字自由贸易区的经验就为其他APEC成员体提供宝贵借鉴。

4. 制定数字贸易规则及政策协调

数字贸易是一种新兴的贸易方式，特指互联网和互联网技术在订购、生产或交付产品和服务方面发挥着重要作用的贸易方式。数字贸易已经成为当今各成员体提高经济生产能力和综合竞争力的一个重要手段，APEC各成员体以及全球范围内的其他成员体或经济集团越来越重视数字贸易的发展，数字贸易也成为APEC会议的重要议题。近年来，通过数字贸易实现的交易数量呈指数增长，同时电子商务也促进了很多产业和部门的经营方式转变。2017年，全球B2C电子商务销售额达到2.1万亿美元，同时亚太地区零售电子商务销售额突破1万亿美元，占全球数字消费的47.6%。

亚太地区作为全球电子商务和数字贸易流通和发展的重要区域，十分重视数字贸易的发展和使用。此外APEC各部门针对本区域当前出现的问题，积极推进信息基础和通信技术深度发展。2001年，APEC领导人会议上通过制定《数字经济战略》将数字经济和数字贸易的地位和作用提升到亚太经济发展的全新的战略高度。2016年，贸易部长会议上有关声明表示APEC已经在推动数字贸易和促进包容性增长方面取得了进展并会将此作为下一步行动的成果。但是APEC各组织机构仍希望政策支持小组加深对数字经济的广泛研究。例如，通过案例研究和构建区块链来促进该区域数字贸易的发展，加强机构间的互联互通，鼓励成员体加强能力建设，同时各成员体之间加强沟通、分享和合作，共同促进该区域数字贸易和经济建设。为了拓宽数字贸易的宽度和广度，亚太经合组织积极调动各成员体充分参与基础设施的建设，同各部门加强合作；通过提高中小微企业数字贸易程度，从而改善该地区数字贸易和互联网经济环境。

与数字贸易的其他相关要素相比，APEC认识到跨境信息流动是各成员体目前面临的十分重要的问题，保护数据隐私也成了当今各经济组织的首要任务。为了减少信息流动的障碍，增强消费者隐私安全，促进跨区域数据隐私制度的互操作性，APEC建立了跨境隐私规则（Cross Border Privacy Rules System，CBPR）体系。CBPR体系平衡了信息和数据的跨境流动，同时为个人信息提供了有效的保护，该举措有效地增强了各成员体参与数字贸易的积极性。此外，在2010年7月建立了亚太经合组织跨境隐私执法安排（Cross-border Privacy Enforcement Arrangement，CPEA）。CPEA的建立为亚太地区隐私执法机构在信息保护和跨境隐私援助方面提供了参考，是有效实施亚太隐私保护的重要举措。相关机构如WTO、欧盟、OECD以及其他国际组织共同商讨未来的工作计划和合作，建立一个公开、公正、公平、透明的贸易环境。

制约APEC成员体全面参与数字贸易能力的因素很多。主要包括三方面，分别为加强基础设施建设、促进互联网或数字服务供应的法规建设、提高互联网服务的接入程度。

在数字贸易研究领域，波士顿咨询集团（Boston Consulting Group，BCG）基于一组指标体系为65个成员体构建了"电子摩擦"指数。研究发现电子摩擦的规模与数字经济的规模呈负相关（Zwillenberg等，2014）。Zwillenberg等研究表明，电子摩擦较大的成员体在数字经济中的增长速度低于电子摩擦较小的成员体。考虑到大量使用互联网的中小企业比较少使用互联网的中小企业更有可能向更大的市场销售产品和服务，并从更远的地方采购产品，所以电子摩擦也可能是限制中小企业的销售范围和产品采购的重要因素（Zwillenberg等，2014）。电子摩擦评分与企业、个人和政府采用数字技术的情况之间呈现负相关关系，还与互联网普及率负相关。这两项结果都表明减少电子摩擦将有助于经济增长。BCG的结果在很大程度上是发展水平的函数，较发达的 APEC 成员体的电子摩擦得分较低，而发展中成员体得分较高。

亚太经合组织各成员体基于已确定的数字贸易增长构成要素的各种指标，得出结论认为，发达成员体和发展中成员体之间的数字鸿沟是显而易见的，特别是在基础设施和人力资源方面，以及在隐私立法和执法方面。

亚太经合组织应继续与政策制定者、研究机构、其他国际组织和私营部门进行贸易政策对话，这些机构肩负着合规的重任，并从数字贸易中获益。亚太经合组织还应继续为其在贸易便利化和其他与电子商务相关贸易政策方面的工作提供支持。同样，改善投资环境、加快弥合数字基础设施鸿沟的能力建设也是一项关键工作。

金融是另一个至关重要的基础设施。进入国际在线支付系统是数字贸易参与的必要条件，但由于许多原因，包括没有银行账户或信用卡，潜在参与者可能无法获得这种便利。APEC 可以进一步研究不同成员体的支付基础设施和人们获得支付渠道的差异性。

5. 数字经济促进农业可持续发展

在中低收入国家，农业增加值占 GDP 的比例为 9.5%（世界银行，2017）。农业部门 95% 的农业补贴和 75% 的交易以现金支付。显然，数字支付技术在农业领域的应用相当匮乏，这也意味着数字技术在农业领域具有广阔发展前景。

扩大数字支付范围和构建数字支付生态系统是促进农业可持续发展和解决贫困问题的重要手段。通过支持更广泛的数字支付，提高农业生产效率和产能，从而提高农民的收入水平。对于生活在农村和偏远地区的人来说，现金的弊端被放大，数字支付可以帮助解决或缩小偏远地区农民收入差距。但目前数字支付在贫困或偏远农村地区的发展缓慢。为了取代现金，数字支付必须进行更广泛的推广应用，并在更广泛的数字支付生态系统中运作。

为此，政府应该采取措施，鼓励采用数字支付，将数字支付应用培训纳入现有的农业教育渠道。农业企业应该分析价值链数字化方面的商业应用场景，包括对农民的大宗支付或对供应商的信贷应用。支付体系提供者、国际组织共同努力确定现有的粮食援助、现金转移和补贴，使农民受益，并可通过数字化提高效率。

三、APEC 数字经济发展主要任务

APEC 数字经济发展的主要任务是帮助了解数字经济带来的机遇和挑战，以及当前的数字经济发展状况和最佳实践；协助了解亚太经合组织各成员体在数字

经济方面的不同项目和计划如何开展；建议开展有助于发展科技型企业和通过数字化改造传统企业的结构性改革；了解结构性改革在促进数字经济包容性增长方面的作用；收集与政策有效性有关的最佳实践案例；培养结构性改革的能力，使亚太经合组织各成员体适应动态数字转型；分享亚太经合组织政策、个案研究的经验和启示，释放数字经济发展潜力，把握数字经济的机遇。

第三节　APEC 数字经济发展比较分析

一、APEC 发展中成员体数字经济发展状况

1. 中国数字经济发展状况

首先，中国数字经济发展政策层面。中国政府历来重视数字经济的发展，持续加强数字经济发展顶层设计。十九大文件指出："要建设网络强国、数字中国、智慧社会，推动互联网、大数据、人工智能和实体经济深度融合，发展数字经济、共享经济，培育新增长点、形成新动能"。自 2015 年以来相继出台了一系列数字经济相关的政策文件。重点包括《中国制造 2025》《国家信息化发展战略纲要》《"十三五"国家信息化规划》。

2015 年国务院印发《中国制造 2025》。重点任务包括 9 各方面。包括提高国家制造业创新能力、推进信息化与工业化深度融合、强化工业基础能力、加强质量品牌建设、全面推行绿色制造、大力推动重点领域突破发展、深入推进制造业结构调整、积极发展服务型制造和生产性服务业、提高制造业国际化发展水平。重点建设五大工程，包括制造业创新中心建设工程、智能制造工程、工业强基工程、绿色制造工程、高端装备创新工程。

2016 年，中国政府出台了《国家信息化发展战略纲要》。该战略纲要的目标是到 21 世纪中叶，把我国建设成网络强国。战略纲要所涵盖的内容十分全面。包括政府数据开放、5G 通讯设施建设与应用、网络扶贫、互联网+、信息通信基础设施建设、网络安全与网络反恐合作。

2016 年 12 月，《"十三五"国家信息化规划》发布。提出了我国未来信息化建设的重大任务和重点工程。包括建现代信息技术和产业生态体系、建设泛在先进的信息基础设施体系、建立统一开放的大数据体系、构筑融合创新的信息经济体系、支持善治高效的国家治理体系构建、形成普惠便捷的信息惠民体系、打造网信军民深度融合发展体系、拓展网信企业全球化发展服务体系、完善网络空间治理体系、健全网络安全保障体系。

其他相关文件包括：《促进大数据发展数据纲要》《"互联网+"人工智能三

年行动实施方案》《推进互联网协议第六版（IPv6）规模部署行动计划》。所有这些文件为数字经济的发展提供了政策支持。

国家发展改革委员会为加速数字经济健康快速发展，提出四项举措。一是建立健全促进数字经济发展的政策体系，营造良好发展环境。二是加强数字经济领域的数据基础设施建设，推动数据资源整合和开放共享，加强数据资源的开发利用，保障数据安全。三是发挥数据的基础资源作用和创新引擎作用，加快形成以创新为主要引领和支撑的数字经济。四是通过发展数字经济促进保障和改善民生，推动产业发展，优化公共服务，让数字经济的红利惠及全员人口。

其次，中国数字经济规模与增速方面。根据广义的数字经济规模定义，我国数字经济总体规模目前处于中等水平。中国信息通信研究院发布的《中国数字经济发展白皮书2017》对我国数字经济的发展进行了全面的分析。2016年我国数字经济规模达22.6万亿，增速高达16.6%，占GDP的比例达到30.1%，跃居世界第二位。2017年，我国数字经济规模达27.2万亿元，同比增长20.3%，占GDP的比例达32.9%，成为驱动经济转型升级的重要动力引擎。

近二十年，中国数字经济增速很快。1996年，我国数字经济规模仅约2 500亿元，占GDP的比例仅为5%；到2001年，这一规模首次超过1万亿，占GDP比例接近10%；2016年我国数字经济规模达到22.4万亿元，占GDP比例达30.1%，相比于1996年提升了25.1个百分点。

目前，我国数字经济发展的规模较为稳健，增速较好。但是数字经济发展也存在一些问题。比如数字经济发展过程中，三次产业比例失调问题，农业数字化程度较低；数字经济的发展在区域中呈现失衡，东部地区数字化程度相对较高，而中西部地区数字化程度比较低；劳动力密集型行业数字化程度比较低，资本密集型行业数字化程度比较高。数字法规的建设相对滞后，数字经济的建设方面还缺乏核心的数字技术，数字知识产权相对匮乏。

最后，中国数字经济产业结构方面。我国数字经济在三次产业发展中十分不平衡，数字经济在各行业中的发展出现较大差异，数字经济占本行业增加值比例呈现出三产高于二产、二产高于一产的典型特征。2016年，服务业中数字经济占行业比例平均值为29.6%，工业中数字经济占行业比例平均值为17.0%，农业中数字经济占行业比例平均值为6.2%。

第一产业：农业。我国农业的数字化程度在三次行业中是最低的，占比仅为6.2%。数字化信息和数字技术在农业方面的应用发展取得了长足进步，比如田间摄像头、遥感技术、无人机航拍等信息技术的使用越来越广泛。但是，由于我国传统农业的特点是分散经营，农户的成本相对较高；而且在农业信息化技术方面融资困难等因素，制约了我国数字农业的快速发展。未来物联网、5G技术的推广会带动数字农业的快速发展。农业中各行业相比,林业的数字化程度是最高的,占比达到10.6%。而畜牧产品是最低的比例只有3.9%(表5-4)。

表5-4　2016年农业各行业数字经济占比

排名	产业分类	数字经济占比(%)
1	林产品	0.106
2	渔产品	0.082
3	农产品	0.064
4	畜牧产品	0.039

来源:中国信息通信研究院《中国数字经济发展白皮书2017》

第二产业:工业。2016年,我国工业化数字程度高于农业,但是低于服务业,占比约为17%。工业内部细分来看,机械、仪器仪表数字化程度最高,平均达到50%。其他行业的比例均为超过30%。从行业比较来看,资本密集型行业好于劳动密集型行业。发展工业互联网、大数据、云计算技术,对于工业数字化程度的提高具有广泛作用。排名前十位的分别为文化与办公用机械、仪器仪表、其他电气机械和器材、输配电和控制设备、其他通用设备、家用器具、金属加工机械、电机、船舶及相关装置(表5-5)。

表5-5　2016年工业各行业数字经济占比

排名	行业	数字经济占比(%)
1	文化、办公用机械	58.80
2	仪器仪表	47.30
3	其他电气机械和器材	25.60
4	其他专用设备	24.00
5	输配电及控制设备	23.10
6	其他通用设备	22.70
7	家用器具	20.90
8	金属加工机械	20.30
9	电机	18.70
10	船舶及相关装置	18.40

来源:中国信息通信研究院《中国数字经济发展白皮书2017》

第三产业:服务业。我国服务业数字化程度在三次产业中的比例是最高的。服务业数字经济占比中,排名前五位的分别为保险、广播电视电影和影视录音制作、专业技术服务、货币金融和其让金融服务、资本市场服务。这5个行业的占比均超过了40%。服务业融合化、智能化的发展趋势比较明显(表5-6)。

表 5-6 2016 年服务业各行业数字经济占比

排序	行业	数字经济占比（%）
1	保险	0.462
2	广播、电视、电影和影视录音制作	0.454
3	专业技术服务	0.405
4	货币金融和其他金融服务	0.403
5	资本市场服务	0.402
6	公共管理和社会组织	0.38
7	邮政	0.354
8	其他服务	0.341
9	教育	0.332
10	社会保障	0.323

来源：中国信息通信研究院《中国数字经济发展白皮书 2017》

2. 马来西亚数字经济发展状况

早在 1995 年，马来西亚引入多媒体超级走廊（Multimedia Super Corridor，MSC）。多媒体超级走廊位于吉隆坡市中心附近，占地约 750 平方千米，在该走廊中打造赛城和布城两座智慧城市。建立这个计划的目的是要推动马来西亚的产业升级以及实现马来西亚的国家战略目标。MSC 致力于提高国内生产力，并从信息时代的商业中创造价值。MSC 计划创造一个理想的数字环境，吸引世界级的公司使用 MSC 作为一个枢纽，并提高马来西亚 IT 公司的竞争力。为此，马来西亚将 MSC 的数字应用程序应用在智能学校、多用途卡、电子政务、远程医疗、研发集群、无国界营销中心和全球制造网络等方面。通过提供 MSC 以及其强大和先进的技术生态系统，吸引外国直接投资。通过开发和采用颠覆性技术，把握其业务的未来发展趋势，从而打造本土科技领军企业。推动数字创新生态系统建设，构建强大的数字创新生态系统，从而实现经济的可持续发展。通过培养公民的数字技术水平，将其转变为精通技术的劳动力，传播数字技术包容性。

多媒体超级走廊计划从 1997 年开始实施，于 2020 年完成。该计划分为三个阶段完成。第一阶段，到 2003 年之前打造完善数字基础设施。将电子信息城、机场、行政中心连接。第二阶段，到 2010 年之前，建立数字城市。第三阶段，在 2020 年，在马来西亚建成数字经济走廊。建立 12 个数字城市。数据显示，2016 年数字经济对马来西亚 GDP 的贡献为 18.2%。马来西亚认为建立充满活力的数字经济环境，能够进一步吸引企业、人才和投资，进而使马来西亚企业能够在全球数字革命中发挥领导作用。马来西亚也注意到网络安全问题。网络安全威胁的上升使马来西亚充分认识到培养人才以支持数字经济增长的重要性。

3. 泰国数字经济发展状况

2016年，泰国政府成立了"数字经济和社会部"，提出了泰国4.0战略，这个战略重点专注于打造"数字泰国"。"数字泰国"是指充分利用数字技术的创造性优势，发展基础设施，提高数据应用能力，提高人力资本数字水平，推动经济社会发展走向稳定、繁荣和可持续。该战略提出在战略实施的前10年提高数字经济竞争力，提升人力资本的数字化能力。"4.0战略"目标于2036年完成，分四个阶段实施：数字基金（投资及建立数字基金），数字共融（确保每个人都能受惠于数字科技），全面数字化转型（以数字技术和创新驱动经济），实现全球数字领导（以数字科技及创新引领泰国迈向发达成员体系）。4.0战略是以其他三个战略为基础的，其他三个战略分别为农业发展1.0，轻工业发展2.0，重工业发展3.0。泰国4.0的提出，是顺应泰国经济发展和国际环境的要求提出的。

主导泰国数字经济发展的部门是国家数字经济和社会委员会（The National Digital Economy and Society Commission）。该委员会包括两个重要部门，数字基础设施委员会与数字经济和社会发展委员会。后者提出了实现泰国数字化的六项战略：建设全方位高容量数字基础设施，利用数字技术促进经济发展，创建以知识为驱动的数字社会，将政府转型为数字政府，为数字时代培养劳动力，以及提升公众在使用数字技术方面的信心。此外，泰国已经颁布了数字经济相关的一些法案。例如2017年颁布《数字经济和社会发展法案》《计算机犯罪修正案》。

4. 印度尼西亚数字经济发展状况

印度尼西亚高度重视数字经济在经济增长中的重要作用。2018年，印度尼西亚政府发布"印尼制造4.0"路线图。其目标是要在2020年建设成为东南亚最大的数字经济体。印度尼西亚数字经济的发展具有三个特征，金融技术蓬勃发展：2016年，金融领域初创公司增速达到了78%。共享经济迅猛发展；电子商务发展迅猛。

印度尼西亚确定了数字经济五个重点发展领域，分别是食品和饮料、汽车、纺织、电子和化学产品。"印尼制造4.0"路线图实施的总目标是到2030年，印尼经济成为全球前十大经济体。具体目标包括三个，第一，实现净出口对GDP的贡献度达到10%；第二，生产力提高2倍，生产成本降低50%，达到当前印度的水平；第三，研发开支在GDP中的比例达到2%。

二、APEC发达成员体数字经济发展状况

1. 新加坡数字经济发展状况

新加坡负责数字经济发展的部门是信息通信媒体发展局（IMDA）。新加坡

发布了"数字经济行动纲领",为数字经济培育数据生态系统,全面规划数字基础设施,完善数字技术和人力储备,并确保电信和广播网络具有广泛适用性。新加坡注意到全球数字化趋势已成为经济发展的重要组成部分。

新加坡推出了"数字经济蓝图",其中包含了支撑新加坡未来经济发展的战略。该战略由三大支柱构成:一是加快现有行业的数字化,二是通过培育新的数字生态系统提高新加坡的竞争力,三是发展下一代数字产业作为增长引擎。这三大支柱由四个关键推动因素构成:人才、研究和创新、政策、法规和标准,以及现有的实体和数字基础设施。

数字经济与中小微企业发展。新加坡持续为中小微企业数字经济的发展提供建议,让中小微企业了解在发展的各个阶段所需要应用的数字科技。新加坡制定相关的行业数字计划,该计划包括一套预先核准的行业解决方案、提升行业水平的试点计划、提升员工数字技能的方案,以及协助中小企业推行数字化的管理援助项目。对现有行业进行改造,例如利用虚拟现实(VR)技术改造建造业。允许贸易生态系统实现数字化,开放创新平台——将问题所有者和问题解决者与技术支持人员、创新解决方案和其他支持工具连接起来。

2. 韩国数字经济发展状况

韩国信息社会发展研究所(KISDI)国际组织中心介绍了"韩国数字经济政策",韩国已制定战略,以实现第四次工业革命所营造的智能信息社会(IIS)。韩国将智能信息社会定义为一个信息无处不在的社会,在这个社会中,通过智能IT的应用(即以收集和分析数据为支撑的ICT解决方案)产生新的价值并取得社会进步。IIS将拥有世界级的智能IT基础设施,并将智能IT应用于所有行业领域,特别是医疗和制造业。

从技术层面讲,物联网及其相关组件(即大数据、云计算和人工智能)已被确定为支持IIS实现的关键技术,因此,韩国计划促进物联网生态系统,重点内容包括提升互联网服务、建设平台、升级网络和设备,专注于六个战略领域实现最大的溢出效应(即医疗、制造业、汽车、交通、能源、住房与城市安全),并检查网络安全方面的物联网设备。

数字经济支撑中小微企业发展。"中小企业支持计划"于2002年在韩国实行,该计划于2013年进行了调整,将中小企业数字化考虑在内,旨在帮助其提高生产效率,并提升生产管理的数字化水平。

数字经济与教育。2018年,韩国面向所有中小学生推出软件教育,重点教育内容包括科学、技术、工程、艺术和数学(STEAM)。该项目的智能功能是对学生的学习进展状况进行分析,形成智能学习平台。韩国还计划在2019年前开发出AR/VR形式的定制学习过程为特色的数字教科书。

数字经济与个人隐私保护。韩国在 2011 年颁布了《个人信息保护法》，要求互联网企业规范收集和使用个人信息的行为。个人信息保护委员会（PIPC）和内政部（MOI）负责数据保护的一般事务，韩国通信委员会（KCC）负责在线服务提供商和用户之间的事务。

3. 日本数字经济发展状况

"互联产业"旨在创建一个由产业、企业、人、机器、数据和其他要素组成的互联网络产业，应用人工智能等新兴技术合作创造新的附加值产品和服务，同时解决社会老龄化、劳动力短缺和环境限制等社会挑战。"社会 5.0"是一个以"互联产业"为支撑的超智能社会的愿景，它将改善人们的生活，促进数字经济的健康发展。日本的行业经常使用数据和技术提升业务水平。日本数据信息是内部管理，互不流通，因此，日本提出部门和跨部门合作倡议，鼓励合作，使数据能够有效地用于创新，提高生产力。日本确定了五个优先发展领域：自动化驾驶和移动服务、生物技术和材料、智能生活、基础设施安全管理以及制造业和机器人。从跨部门的角度分析，日本将推出共享和应用"真实数据"的政策，改善数据应用环境，帮助本国产业在全球扩张，保护数字经济，以及不断提升防范网络攻击水平。日本的"社会 5.0"愿景，需要集成的、灵活的基础设施，以实现快速灵活的转型；然而，这种结构通常更容易受到网络威胁。为此，日本构建了"网络/物理安全框架"，这是一个包含三层六要素的框架，以应对网络安全挑战。该框架已于 2018 年 4 月发布并征求公众意见，目前正在进行评估，对接收到的公众建议进行分析。

4. 美国数字经济发展状况

美国商务部国家电信和信息管理局（NTIA）介绍了美国在定义和衡量数字经济方面的倡议。美国经济分析局（BEA）已于 2018 年 3 月发布了一份"定义和衡量数字经济的工作文件"。该文件包括经济增长长期目标，创造了一种衡量数字经济贡献的新方法，特别关注了数字商品和服务对经济 GDP 的贡献，确定了三个测算数字经济的主要任务：一是定义数字经济，二是测算与数字经济相关的商品和服务，三是确定生产数字商品和服务的行业，估计总产出，增加值和就业补偿。

关于数字经济的衡量。BEA 是在依靠分析师的专业知识和研究的基础上确定相关商品和服务。但是，BEA 在确定某种商品与服务是否为数字商品方面存在数据和资源方面存在限制。BEA 对数据分类还包括：电子商务［即企业对企业（B2B）、企业对消费者（B2C）和数字媒体（即数据流、在线出版和广播）］。尽管如此，BEA 认为，未来的研究仍有潜力，特别是包括更多的数字产品和服务，纳入最新的统计分类、方法和源数据，准确测量对等交易，计算生产的数字输入,并估计与数字经济相关的消费者盈余(表5-7)。

表5-7 2016年APEC成员个人使用互联网比例分布

APEC成员	比例(%)
澳大利亚	88.24
文莱	90.00
加拿大	91.16
智利	83.56
中华人民共和国	53.20
中国香港	87.48
印度尼西亚	25.45
日本	93.18
韩国	92.84
马来西亚	78.79
墨西哥	59.54
新西兰	88.47
巴布新几内亚	9.60
秘鲁	45.46
菲律宾	55.50
俄罗斯	73.09
新加坡	84.45
中国台北	79.75
泰国	47.50
美国	76.18
越南	46.50

资料来源:国际电信联盟统计数据

(https://www.itu.int/en/ITU-D/Statistics/Documents/statistics/2018/Individuals_Internet_2000-2017.xls)

三、主要国际组织数字经济发展比较

1. G20数字经济发展

2015年,二十国集团安塔利亚会议对数字经济的发展达成共识,G20鼓励各成员开展多层次的数字经济交流活动。G20意识到了未来互联网、数字经济对全球经济增长带来的机遇。2016年,G20杭州峰会中,多国领导人共同签署了《二十国集团数字经济发展与合作倡议》。在此后的会议中,二十国集团始终把数字经济当作重点议题。

《合作倡议》中，二十多集团给数字经济进行了定义，数字经济是指广泛的经济活动，包括使用数字化信息和知识作为生产的关键因素，现代信息网络作为一种重要的活动空间，有效的使用信息和通信技术（ICT）作为一个生产力的增长和经济结构优化的重要推动力。互联网、云计算、大数据、物联网、金融科技等新数字技术，实现了信息的数字化采集、存储、分析、共享和社会互动的转型。信息化、网络化、智能化的信息通信技术，使现代经济活动更加灵活、敏捷、智能。

二十国集团发展数字经济特别关注以下领域。

第一，打造开放及有利的营商环境。营商环境的建设对于二十国集团的经济可持续发展十分重要。营商环境的建立包括数字经济法规的建设、监管措施的公开与透明、信息技术的市场准入等法律的建设等。

第二，促进经济增长、信任和安全的信息流动。二十国集团特别重视隐私和个人数据的保护，信息的安全流动，信息通信基础设施的安全性，互联网用户获取在线信息、知识和服务的合法性等，以促进经济增长。

第三，扩大宽带接入，提高宽带接入的质量。二十国集团认识到宽带接入的互联互通，网络基础设施建设，提高宽带网络的覆盖范围和接入速度对于促进区域的经济增长至关重要。

第四，促进信息和通信技术领域的投资。增加在信息和通信技术领域的投资，改善投资环境，建立政策框架是优先发展领域。通过 PPP 的方式募集资金，鼓励信息技术尤其是开源技术的发展，加强信息通信技术企业和金融机构间的交流。

第五，支持创业，推动数字转型。数字经济的发展是解决就业问题的一个重要途径。二十国集团十分重视企业的数字转型，支持发展中国家和新兴国家建设数字技术和互联网创业能力建设。鼓励成员国之间的数字技术和数字产品相互融合。利用互联网促进产品、服务、流程、组织和商业模式的创新。鼓励数字技术与制造业融合，打造互联互通、网络化、智能化制造业。利用信息通信技术，改善教育、健康与安全、环境保护、城市规划、医疗保健等公共服务。推动电子商务、电子政务、电子物流、网络旅游、互联网金融、共享经济等服务业持续发展。推进农业生产经营管理信息化和农产品流通网络化转型。

第六，鼓励电子商务合作。利用可信的数字手段，如无纸化通关、电子交易单据、数字认证互认、电子支付、在线支付等，促进跨境电子商务贸易便利化。同时，加强合作，防范市场准入等壁垒。应注意与税收有关的问题，例如确保有效地为国际电子商务支付适当的税款，特别是考虑到税基侵蚀和利润转移问题。改进国际上衡量电子商务的努力，以及数字经济对宏观经济的影响。加强在保护消费者权益方面的合作，制定纠纷解决办法，确保消费者在符合成员国国际法律义务的前提下，在国家法律法规框架内选择适合电子商务特点的电子商务产品。通过确保尊重隐私和保护个人数据，建立用户信心，这是数字经济的一个基本要素。

2. OECD 数字经济发展

《OECD 部长宣言：创新、增长和社会繁荣》支持信息的自由流动，鼓励创新和创造力，支持研究和知识共享，提高贸易和电子商务水平，创造新业务和服务发展模式，通过政策增加人民福利，在尊重人权和法治基础上加强互联网的开放性。同时，尊重隐私和数据保护，应用适当的数字经济框架加强数字安全。

通过数字创新和创造力来刺激经济增长和解决全球社会问题通过协调促进数字技术和知识资本投资的政策，鼓励的可用性和使用的数据，包括开放公共部门的数据，促进创业和中小企业的发展，并支持所有经济部门的不断转换，包括公共服务。

加强宽带连接，利用互联互通和融合的基础设施和数字服务的潜力，通过采用技术中立的框架，弥合数字鸿沟，促进创新，促进宽带网络投资，保护消费者，促进竞争，为所有人创造机会。

拥抱物联网、云计算、制造业数字化转型和数据分析等新兴技术和应用带来的机遇，同时应对其经济和社会影响，评估政策和监管框架以及全球标准的适宜性。

促进数字安全风险管理和保护隐私的最高层的领导加强信任，和发展这种影响协作策略，承认这些问题是关键的经济和社会繁荣，支持实现相关数字安全和隐私的风险管理实践，特别关注言论自由和中小企业和个人的需求，促进研究和创新，促进问责制和透明度的一般政策。

刺激和帮助减少障碍跨境电子商务中，消费者和企业的利益采取的政策和监管框架，加强消费者信任和产品安全，促进竞争和支持消费者驱动的创新，并使合作保护消费者和其他有关部门国家内部和国家之间。

利用网上平台所带来的机遇，透过个人与机构之间的互动，提供创新的生产、消费、合作及分享形式，同时评估其社会及经济效益、挑战，以及相关政策及规管架构的适当性。

数字经济刺激创造的就业机会减少投资和采用数字技术壁垒在所有经济领域，促进一个有吸引力的和敏捷的商业环境，特别是对新数字进入者，适应劳动政策和规划来促进工作质量和社会保护，特别是在数字技术促进了新工作安排通过继续解决失业问题和减轻相关的社会成本，特别是对弱势群体。

通过提高教育和培训系统识别和响应一般和专业数字技能需求的能力的政

策，努力使所有人都具备参与数字经济和社会所需的技能；通过终生学习和在职培训，提高和重新掌握技能；促进数字素养以及在教育和培训中包容和有效地使用信息通信技术；协助维持互联网的基本开放，同时配合某些公共政策目标，例如保护网上的私隐、保安、知识产权和儿童，以及加强对互联网的信任；识别、开发和激活各种技能，使包容性参与日益数字化的经济；分析数码科技带来的新工作安排及其对工作质素和劳资关系的影响；政府最高层制定隐私和数据保护战略，纳入全社会视角，同时提供必要的灵活性，利用数字技术造福所有人；支持制定国际安排，促进跨司法管辖区的有效隐私和数据保护，包括通过框架间的互动操作性；评估数字转型对社会和全球经济各部分的影响，以确定预期的效益和挑战，并研究各国的战略和政策如何应对这些转型，并利用创新帮助弥合数字鸿沟；加强收集宽带基础设施和数字服务的采用和使用方面的国际可比统计数据，以及经济和社会各企业和个人对数字技术的使用情况；并为发展数字经济的新指标做出贡献，如信任、技能和全球数据流。

第四节 APEC数字经济发展的未来趋势

数字经济肩负双重责任，既要传承过去，又要面向未来。既要壮大新兴行业，又要升级传统行业。未来数字经济何去何从，数字经济的发展会呈现哪些趋势，会对传统行业怎样渗透？目前，学者们对这些问题的回答相对比较笼统与模糊，或者更多的是基于不同角度的"猜想"。目前对数字经济的共识包括：数字经济是个"好东西"，未来"前景广阔"和"势不可当"，是打开第四次工业革命的"钥匙"。但对于数字经济未来路径很难预测，原因在于数字经济面临内部主观因素和外部客观因素的影响。这种影响由两类"随机"因素构成。一方面，我们知道数字经济严重依赖于新技术的产生，而新技术的研发本身就具有"试错"的过程，充满很多失败的风险，所以技术会向哪个方向延展很难预测。另一方面，数字经济的拓展路径，尤其是应用场景也会受制于数字政策的影响。比如数字税收，应用场景的管制等等。

在可预见的未来，我们力求对数字经济的未来趋势做一个短期的、较为准确的、前瞻性的判断。这种判断包括三个层面：数字技术本身的发展趋势、数字经济的发展规模预测、数字经济的应用场景预测。

第一，数字技术作为一种生产要素更加丰裕。传统上讲，资本和劳动力是两种重要的生产要素，广义的技术责任在于提高劳动生产率和资本利用效率。未来，数字化为载体的信息与技能将作为一种重要的生产要素直接参与生产。而且，这种要素的使用比例会越来越高，这就意味着未来的行业需要投入大量的数字技术，更多的数字技术密集型行业将会代替或者升级传统的行业。

第二，数字经济的规模

总量层面，中国信息通信产业研究院发布的《中国数字经济发展与就业白皮书（2019年）》显示我国2018年数字经济总量为31.3万亿元，增长20.9%，占GDP比例为34.8%。中国国家互联网信息办基于广义数字经济规模的定义，测算出我国2017数字经济规模为27.2万亿，同比增长20.3%，占GDP的比例大约三成。2016年数字经济的规模是22.6万亿。

第三，数字经济的应用场景预测。数字经济的应用也称为数字跨界交叉与产业融合。例如，人工智能、虚拟现实技术、机器人技术与现代医疗技术相结合推升精准医疗与远程医疗的快速发展。资料显示，人工智能已经应用到骨科的精准治疗和癌症的治疗等领域。

阿里研究院对未来数字经济的发展趋势进行了分析。认为未来的趋势包括数字化的知识和信息成为新的关键生产要素；与实体经济深度融合发展是首要战略任务；平台化、共享化引领经济发展新特征、新趋势；全球创新体系以开放协同为导向加快重塑；国家和地区的核心竞争力延伸至信息空间；数字技能和素养推动消费者能力升级；数字城市与现实城市同步启动规划、建设和管理；社会治理体系的数字化程度持续提升；社会福利水平依托数字化手段得到有效改善。

主要参考文献

高韵，张冬杨．[2018-4-20]"数字泰国"发展现状及中泰开展数字经济合作的政策建议[EB/OL]．http：//www.ccpitecc.com/law/article.asp?id=7565.

国务院新闻办公室．[2016-07-28]《国家信息化发展战略纲要》政策解读[EB/OL]．http：//www.scio.gov.cn/34473/34515/Document/1485534/1485534.htm.

胡雯．2018．中国数字经济发展回顾与展望[J]．网信军民融合，13（6）：21-25.

骆金龙，罗天雨，耿元一，等．2005．马来西亚"多媒体超级走廊"发展的实证分析[J]．高科技与产业化（12）：48-51.

王勇．[2019-06-25]．G20加强数字经济发展合作前景可期[N]．证券时报，（A03）.

闫德利．2017．数字经济的由来[J]．中国信息化（11）：86-87.

张冬杨 王琰．[2018-4-19]．印度尼西亚：绘制"数字经济"和"制造4.0"路线图[EB/OL]．http：//www.ccpitecc.com/article.asp?id=7559.

中小企业局，国际合作司．[2019-05-30]．APEC中小企业数字经济论坛在青岛举行[EB/OL]．http：//www.miit.gov.cn/n1146285/n1146352/n3054355/n3057527/n3057537/c6982907/content.html.

第六章 农业可持续发展

可持续发展是 APEC 的重要主题，它为人类社会应对消除贫困、饥饿和营养不良，应对气候变化、实现包容性增长、提高社区抵御能力以及可持续的自然资源管理等诸多复杂的挑战提供了一种全新的系统化路径。2018 年，APEC 将"促进可持续和包容性发展"列为其三个优先领域之一，该优先领域主要包括：粮食安全、气候变化与性别包容三个议题。2019 年，可持续发展依然是 APEC 四个优先领域之一，并期望通过该优先领域在以下三个方面取得进展：一是推进海洋保护；二是推动创新成为能源发展的支柱；三是制定现代监管框架，促进能源行业和智慧城市的发展。

第一节 可持续发展及其目标

一、可持续发展理念

1987 年 4 月，联合国世界环境与发展委员会出版了《我们共同的未来》报告，也称《布伦特兰报告》。该报告系统阐述了可持续发展的思想，并提出了到目前为止被最广泛认可的可持续发展的定义："可持续发展是既能满足当代人的需要，又不对后代人满足其需要的能力构成威胁的发展"。该定义包含了一个非常重要的概念，即"需要"，特别是世界上贫困人口的基本需要应当被优先考虑。在此过程中，要充分考虑技术以及社会组织的状况对环境满足现实和未来需要能力方面施加的限制。可持续发展的理念创新性地将环境保护问题和人类发展问题合并为一个问题进行考虑，确立了包括"发展"与"可持续"的双重目标，即一方面要求实现人类发展目标，也就是满足人类的需要；另一方面要实现可持续，即不损害人类赖以生存的自然和生态系统，不损害后代发展。之后，可持续发展理念又增加了"社会包容性和环境可持续性的经济发展"的内涵，将经济发展、社会包容和环境保护三个可持续发展目标融为一体。在《布伦特兰报告》所涉及的人类可持续发展目标中，粮食、人口、物种和遗传、能源、资源等问题均与农业可持续发展密切相关。

二、农业可持续发展的目标与关键议题

2015年9月25日，193个联合国成员通过了《2030年可持续发展议程》，该议程提出了人类到2030年应实现的17个可持续发展目标（Sustainable Development Goals，SDG），含169个具体目标和230个指标。作为人类与地球之间的基本联系，粮食安全与可持续农业是《2030年可持续发展议程》的核心。根据这17个可持续发展目标，识别出14个与农业和粮食安全直接相关或者涉及农业领域的可持续发展议题，它们分别是：农业扶贫（贫困SDG1）；消除饥饿，实现粮食安全，改善营养和促进可持续农业（粮食安全SDG2）；食品安全与营养（健康SDG3）；农民教育（教育公平SDG4）；农村妇女权利保障（性别平等SDG5）；农业水资源利用与管理（水SDG6）；农业能源利用与新一代生物能源开发（现代化能源SDG7）；农村就业（经济增长与充分就业SDG8）；农业技术创新与基础设施建设（行业、创新和基础设施SDG9）；农业防灾抗灾（灾害抵御能力SDG11）；农业可持续生产与消费（可持续生产和消费SDG12）；气候变化与农业可持续发展（气候变化SDG13）；海洋与蓝色经济（海洋SDG14）；农业土地资源保护与生物多样性（生态系统、生物多样性和森林，SDG15）。通过研究我们发现，上述14个议题基本涵盖了农业可持续发展所面临的基本问题和解决途径，在实现APEC区域粮食安全、环境可持续性以及社会包容性方面具有重要意义，因此我们将其确定为APEC农业可持续发展的关键议题。同时，FAO制定了粮食安全与农业可持续性的5个原则，它们分别是：一是提高农业资源使用效率对可持续农业至关重要；二是可持续性需要采取直接行动来养护、保护和加强自然资源；三是不能保护和改善农村生计、平等和社会福利的农业是不可持续的；四是提高人民、社区和生态系统的抗灾能力是实现可持续农业的关键；五是粮食安全和可持续农业需要负责任和有效的治理机制。

为此，2014年亚太经合组织粮食安全政策伙伴关系机制审议通过了《APEC面向2020粮食安全路线图》，该路线图制定了到2020年建成食物体系框架，帮助APEC所有成员体实现粮食安全的长期目标。我国为农业可持续发展确立了包含国家粮食安全、环境友好、资源节约、农民增收、农业增效等多重战略目标在内的农业可持续发展目标，该目标很好地诠释了在资源环境双重约束之下，农业发展方式转型的方向和道路。

第二节　粮食安全与农业可持续发展面临的挑战

《2030年可持续发展议程》提出了"消除饥饿，实现粮食安全，改善营养和

促进可持续农业"的变革性愿景，呼吁各国和利益相关方齐心协力，努力到 2030 年消除饥饿，预防一切形式的营养不良。实现这一宏大愿景，必须发展可持续的农业及粮食系统，粮食安全和可持续农业密不可分，可持续农业是实现粮食安全的有效路径，粮食安全是发展可持续农业的最重要目标。1974 年的世界粮食安全会议从强调供给的角度对"粮食安全"一词进行了定义："粮食安全是指在任何时候都能够获得充足、有营养、多样化、平衡以及适度的基本粮食供应，以维持粮食消费的稳定增长，抵消粮食生产和价格的波动。"之后，该定义中又增加了与粮食需求和获取相关的问题。1996 年的世界粮食首脑会议的最终报告指出："粮食安全在于所有人在任何时候都能够获得充足、安全和有营养的食物，以满足他们积极健康生活的饮食需求和食物偏好。"

根据 FAO 发布的《2017 年世界粮食安全和营养状况：增强抵御能力，促进和平与粮食安全》报告，世界上长期食物不足人口在经历了持续下降后出现了再次上升，饥饿人口从 2015 年的 7.84 亿增加至 2016 年的 8.04 亿，营养不良率由 2015 年的 10.6% 上升到 2016 年的 10.8%，世界粮食安全趋势出现恶化，尤其是撒哈拉以南非洲、东南亚和西亚地区恶化趋势尤为明显。

近年来，由于世界范围内的粮食价格上涨和价格波动，粮食安全问题已经成为众多 APEC 成员体日益关注的问题。APEC 占全世界人口的 39%，贡献世界 GDP 的 54%，占全球谷物产量的 53%，占鱼类产量的 70%。但是，气候变化和人口不断增长所带来持续的粮食需求的增量，使 APEC 各成员体面临着越来越大的粮食安全压力。区域内城市化和生活水平的快速提高，导致了更高的能源需求和更快速的工业发展，其与农业部门争夺土地、水、人力等必要资源。在耕地面积日益减少和气候快速变化的背景下，必须通过提高科技生产力，增加单位粮食产量，保证粮食安全。

如图 6-1 所示，2011—2018 年 APEC 主要成员体粮食价格呈现不断上涨趋势，其中涨势最为明显的成员体有俄罗斯、印度尼西亚、越南、智利和墨西哥，与 2010 年相比其粮食价格指数在 2018 年超过 150，而粮食价格相对比较平稳的成员体主要有泰国和文莱，2018 年粮食价格与 2010 年基本持平，其他成员体粮食价格指数均在 110~140。

如图 6-2 所示，根据 FAO 统计数据显示，1999—2017 年，随着粮食安全各项措施的实施，亚太地区部分成员体如中国、印度尼西亚以及泰国等，其营养不良人数出现了较大幅度的下降，为亚太地区及世界粮食安全做出了较大努力和贡献。但是，部分成员体出现了粮食安全恶化的局面，如马来西亚和墨西哥，其营养不良人数在该期间内出现不同程度的上升。2018 年，FAO 统计数据显示亚太地区共有 4.9 亿饥饿人口，是世界饥饿人口数量最多的地区。如果该地区要满足

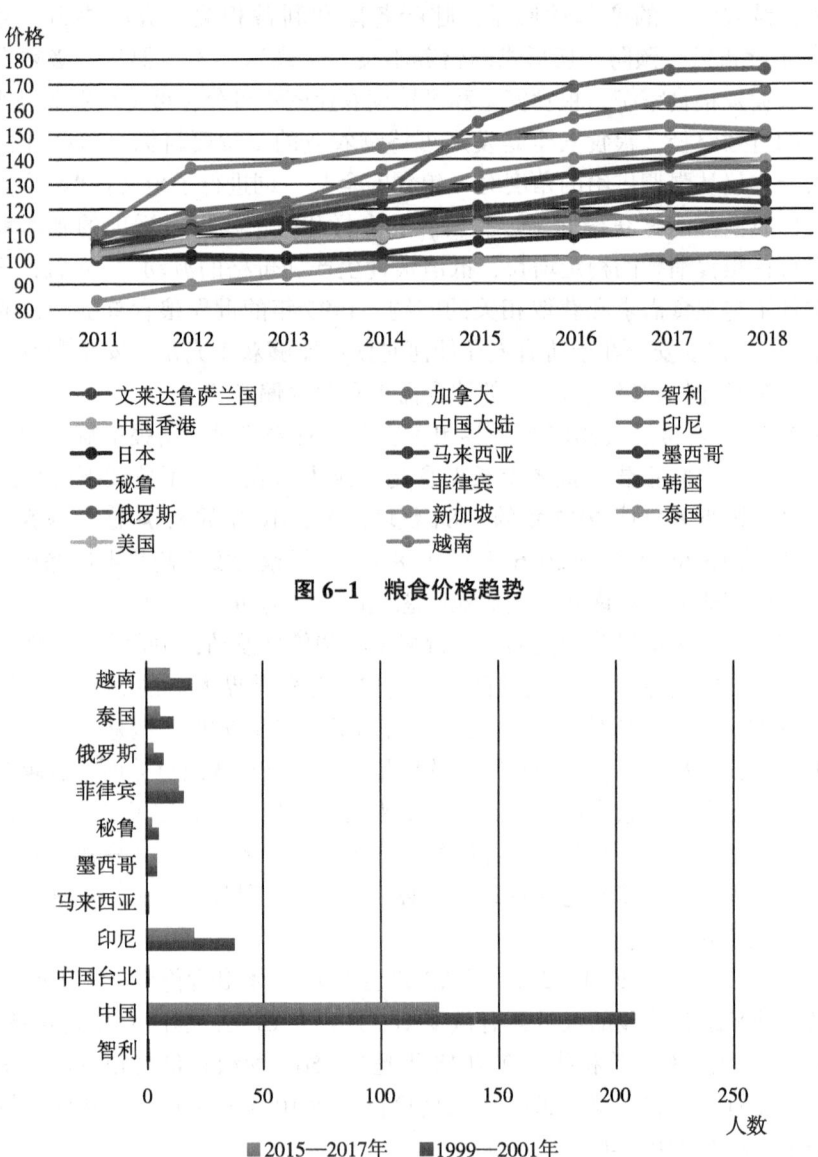

图 6-1 粮食价格趋势

图 6-2 APEC 部分成员体营养不良人数（1999—2001 年，2015—2017 年三年平均）

2030 年 17 个可持续发展目标，尤其是消除各种形式的饥饿和营养不良，则需要采取更多的行动，加强区域粮食安全与农业合作。

一、气候变化

气候变化是当前人类面临的最大挑战之一。有力证据表明，全球气候正在发生剧烈变化，表现为气温和海表温度升高、冰川融退、极端事件频发以及海平面上升等；气象灾害更为严重，包括极端气温（严寒酷热）和降雨变化（洪水和干旱）。全球生态系统改变对农业造成了巨大的破坏和损失，威胁全球粮食安全。（粮农组织、农发基金、儿基会、粮食署、世卫组织。2018年。《2018年世界粮食安全和营养状况：增强气候抵御能力，促进 粮食安全和营养》。罗马，粮农组织。）亚太地区拥有全世界2/3的贫困人口，极易受到气候变化的负面影响。正如亚行副行长班邦·苏桑多诺所说，全球气候危机是21世纪人类文明面临的最大挑战，而亚洲和太平洋地区首当其冲。根据FAO统计数据显示，自1961—2018年，全球温度整体呈现波动上升的趋势，且增加幅度有所提高，全球变暖的趋势不容忽视（图6-3）。

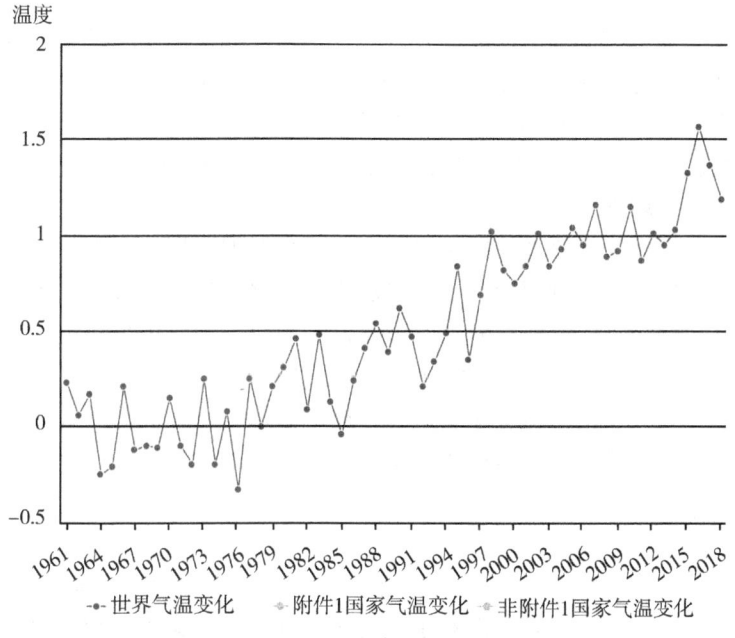

图6-3　1961—2018年气象年平均气温变化
来源：FAOSTAT（6月08，2019）

2017年7月14日，亚洲开发银行（AsiaDevelopmentBank，ADB）和德国波茨坦气候影响研究所联合发布了名为《风险中的地区：气候变化在亚太》的报告。该报告指出：若各国对气候变化问题置之不理，到21世纪末亚洲大陆气温将上升6℃，这将对亚太地区的气候系统、生态系统、农渔业部门、贸易网络、粮食和能源安全构成重大威胁，进而对人类生活带来严重危害。

报告预测，根据目前的状况，在21世纪末，塔吉克斯坦、阿富汗、巴基斯坦和中国西北部等亚太国家或地区气温上升可达8℃。此外，台风和热带气旋等极端天气会增加大约50%，巴基斯坦和阿富汗的降水将会降低20%~50%。全球25个沿海城市的海平面将上升1米，其中19个位于亚太地区，包括菲律宾7个城市。印度尼西亚是亚太地区受洪水影响最严重的国家，到2100年，每年将有590万人受到洪水影响。亚洲银行指出，这些变化将对该地区和世界经济产生严重影响。到2050年，洪水造成的全球经济损失将从2005年的60亿美元上升到520亿美元。

报告还指出，气温升高和降水量变化是南亚和东南亚水稻和小麦生产的重要驱动因素。这种势头加上大气二氧化碳浓度的增加，可以部分抵消气候变化的负面影响。但是，从长远来看，当气温升高超过2℃时，气候变化对水稻和小麦的负面影响不会被二氧化碳施肥的影响所抵消。到21世纪末，谷物产量预计将下降4%~10%，区域变暖3℃。亚洲开发银行预计，如果不采取措施应对气候变暖或不采取技术改进措施，到2100年，东南亚一些国家（印度尼西亚、菲律宾、泰国和越南）的大米产量将下降50%以上。此外，到2050年，由于南亚的粮食进口成本可能从每年20亿美元增加到150亿美元，粮食短缺可能使该区域营养不良儿童的数量增加700万。

气候变化给区域带来的风险来自于降水模式和温度周期的变化，而这些变化与社会经济发展、土地利用变化、土壤肥力和需水量的变化等非气候因素相互影响，使得其风险进一步加剧，致使农业生产力下降。由此可见，气候变化带来的极端高温天气、降雨模式变化和土地荒漠化等问题将严重威胁亚太地区农业生产，造成农作物产量的降低和粮食成本价格的上涨，进而威胁亚太地区的粮食安全，并使部分国家和地区陷入严重贫困。

二、资源约束

随着发展中国家城市化及工业化进程的加快，全球的农业资源条件日趋严峻，其中以人力资源、土地资源和水资源短缺问题最为突出。相关数据显示，世界人均农业土地预计将从2012年的0.22公顷每人下降到2050年0.18公顷每人，而生活在城市地区的人口比例预计将从50%上升到70%。

劳动力资源是农业的第一资源，农村劳动力资源面临两个方面的威胁。首先是人口老龄化。2016年，APEC秘书处执行主任Alan Bollard博士在亚洲社会区域经济展望会议上的报告指出：亚太地区的人口结构正在发生重大变化，由于人口老龄化和出生率下降，日本人口在过去五年中减少了100万人，下降0.7%，并且在21世纪末还将损失4 300万人，而未来15年内中国将有2.5亿人退休。韩国、新加坡、美国、印度尼西亚和越南等其他成员体同样面临着老龄化率的急剧上升。其次，随着亚太地区城市化进程的加快，农业人力资源流失情况严重。如图6-4所示，APEC大部分成员体的农村人口比例在2000—2017年出现的大幅度的下降，以中国为例，2011年中国城市人口首次超过农村人口，截至2017年中国农村人口所占比例下降至41.5%，而这一趋势还将继续。人口老龄化以及大量农村人口的城市迁移，造成农业生产经营人员，管理人员受教育程度降低。留守务农人员主要为女性，年龄偏高，文化水平普遍较低，对互联网信息技术的了解应用较少，现代化农业生产意识比较淡薄。许多发展中成员体的职业农民教育体系还未建立，新型农民培养机构不足，使现代职业农民难以培育，高素质农业生产管理人员匮乏，导致智慧农业的农村初创者和支持者较少，智慧农业建设发展的内生动力严重不足。

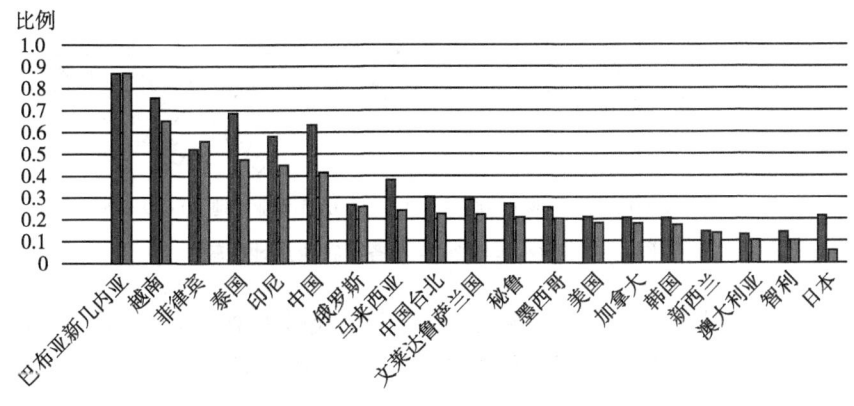

图6-4　2000—2017年APEC部分成员体农村人口比例变化

土地是农业生产最基本的物质条件，但是随着城市化与工业化发展，农业土地资源日益减少。2016年，联合国《全球环境展望：地区评估》报告称，经济繁荣、消费增长促进了亚太地区发展，也使高污染、高碳的生活方式成为主流，可持续消费方式尚未建立，严重威胁着环境健康。在东南亚，城市化进程和农业发展对自然资源的侵蚀使得荒漠化速度令人担忧，平均每年荒漠化土地面积超过100万公顷。

根据FAO统计数据，APEC区域在2000—2016年农业用地总体减少7 786.89万公顷。其中，部分发达成员体农业用地面积出现较大幅度的下降，例如澳大利亚、美国、加拿大、新西兰，农业用地面积分别减少了 8 442.2 万公顷、853.65 万公顷、494.2 万公顷以及 476.2 万公顷，而发展中成员体的农业用地面积则呈现小幅度上升趋势，例如印度尼西亚、越南、泰国等，农业用地面积分别增加了 982.3 万公顷、339.8 万公顷以及 227.6 万公顷。

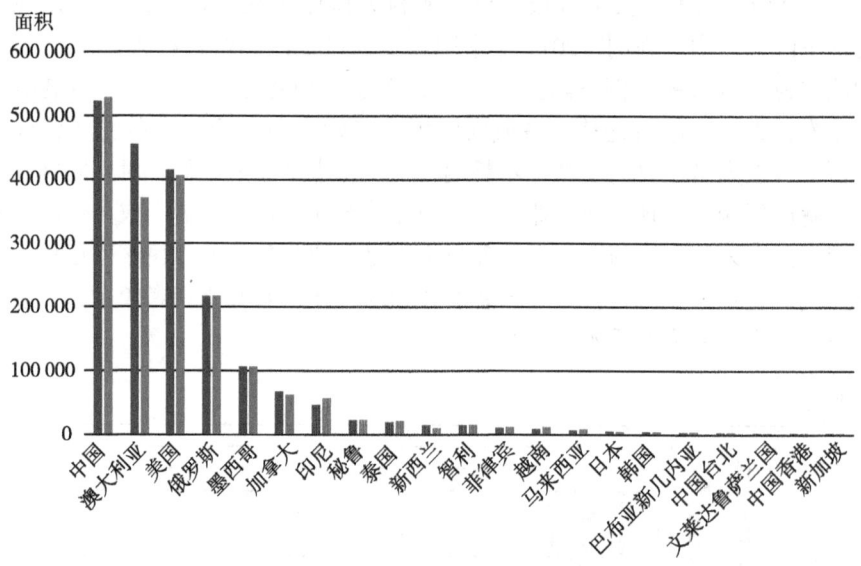

图 6-5 2000 年与 2016 年各国农业用地比较

水资源是农业生产的关键资源之一，气候变化带来全球降水模式的变化对农作物选择和水资源管理战略带来额外的影响。在 APEC 各成员体中，虽然不同类型的气候变化带来不同的影响，但是水资源问题是气候变化给农业带来的最重要的影响之一。全球水文模型显示，到 2080 年，全球的农业灌溉用水需求量将增加 7%~21%，而且该模型显示在中国中部地区，由于非农业部门用水需求的增加，预计其农业用水将在 21 世纪 40 年代出现不足。在此过程中，小农业生产者由于更多地耕作质量不高的土地，缺乏灌溉基础设施投资以及应对气候变化的能力，将受到更大的负面影响。为了面对这一挑战，APEC 成员体应积极采取水资源安全措施，提升水资源管理能力，加强水利工程建设。

森林资源是重要的农业资源之一，在调节气候、涵养水分、防止水土流失和荒漠化方面发挥重要的作用，关系到农业生态环境的保护与改善。森林为全球超过 10 亿人提供食物、药物和能源，为世界 3/4 的陆地生物多样性提供栖所，对亿万农村人口尤其重要。（FAO《2018 世界森林状况——通向可持续发展的森林之路》）但是，世界粮食需求增加需要更多的耕地面积支撑。毁林开荒日益普遍，导致有价值栖息地的丧失、土地退化、土壤流失、洁净水减少以及碳排放，不断威胁着务林人、林业社区和原住民的生计，危及地球上的众多生物。根据《全球森林资源评估》及FAO相关统计数据，2000—2016年全球森林面积由占陆地面积的31.17%下降到30.72%。虽然近年来这一流失的步伐有所减缓，但是如何在提高农业产量并改善粮食安全的同时不减少森林面积，仍然是我们当代所面临的严峻挑战之一（图6-6）。

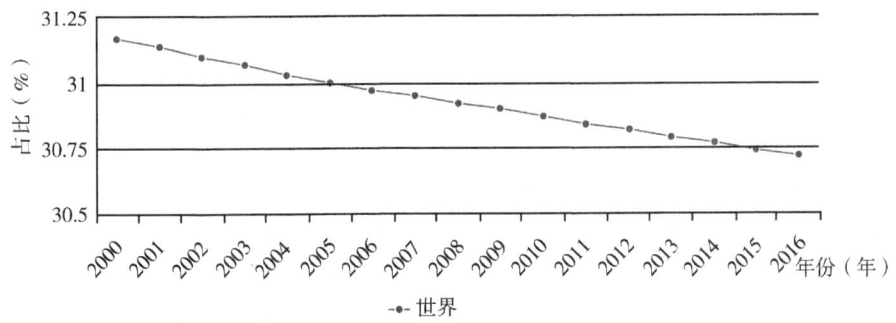

图6-6　2000—2016年世界林地占有土地面积（%）趋势
来源：FAOSTAT（6月08，2019）

三、环境污染与生境退化

农业生产在全球范围内带来广泛的环境影响，主要表现为土壤退化、碳排放、水体污染、化学污染以及森林砍伐等方面。农业化肥和农药的过度使用是造成农业化学污染的主要原因。

化肥是重要的农业生产资料，是粮食的"粮食"。化肥在促进粮食和农业生产发展中起了不可替代的作用，但目前也存在化肥过量施用、盲目施用等问题，带来了成本的增加和环境的污染，亟须改进施肥方式，提高肥料利用率，减少不合理投入，降低环境污染，促进农业可持续发展。FAO统计数据显示，2002—2016年全球主要化肥使用强度呈现增长态势，氮肥、磷肥和钾肥的使用量分别从2002年的53.22千克/公顷、22.04千克/公顷、17.13千克/公顷上升到2016年的60.9千克/公顷、30.05千克/公顷、24.16千克/公顷，其中亚洲和美洲用量居前，存在较大的环境危害（图6-7至图6-9）。

农药是重要的农业生产资料，对防病治虫、促进粮食稳产高产至关重要。但由于农药使用量较大，加之施药方法不够科学，带来生产成本增加、农药残留超标、环境污染等问题。如图6-10所示，FAO统计资料显示，1990—2016年，全

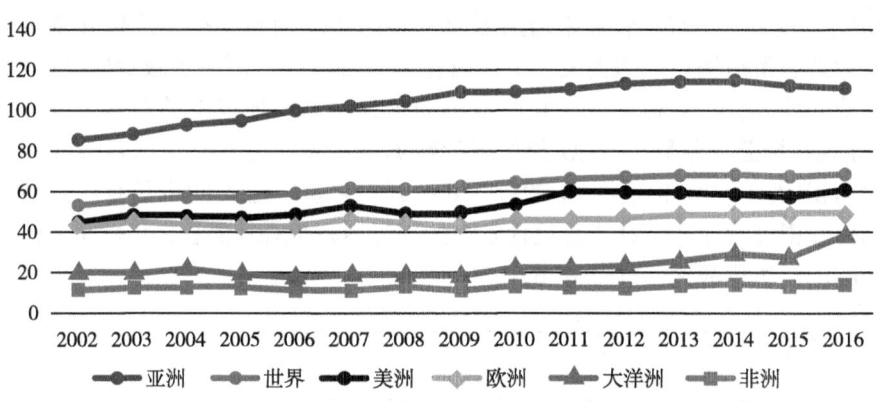

图 6-7 2002—2016 年耕地单位面积养分氮的利用

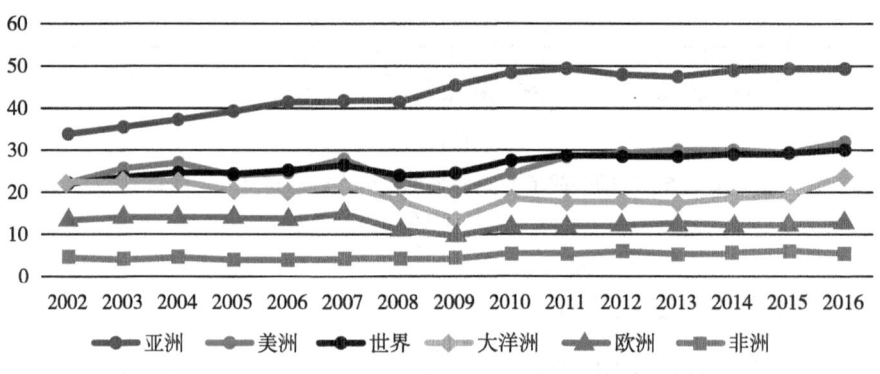

图 6-8 2002—2016 年耕地单位面积 P_2O_5 的利用

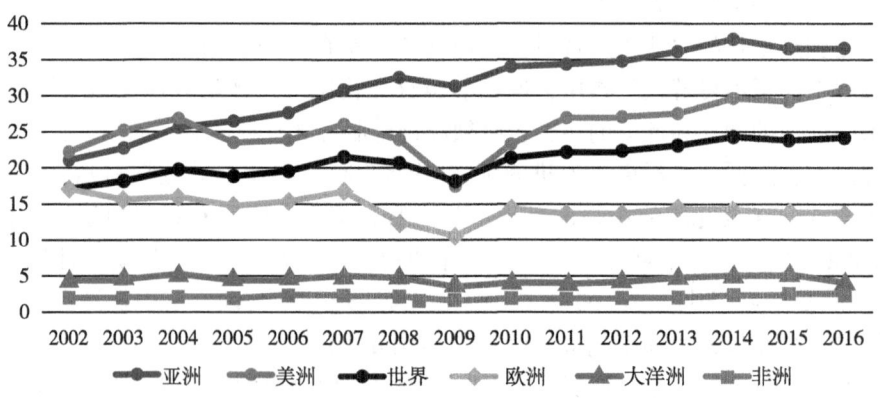

图 6-9 2002—2016 年耕地单位面积 K_2O 的利用

球杀虫剂使用强度呈现明显的上升趋势，世界平均水平由1990年的1.5千克/公顷上升到2016年的2.57千克/公顷，其中亚洲和美洲的杀虫剂使用强度最大，2016年分别达到3.62千克/公顷和3.39千克/公顷。在APEC各成员体中，杀虫剂使用强度超过10千克/公顷的有中国、韩国以及日本，使用强度分别达到13.07千克/公顷、12.04千克/公顷和11.41千克/公顷。

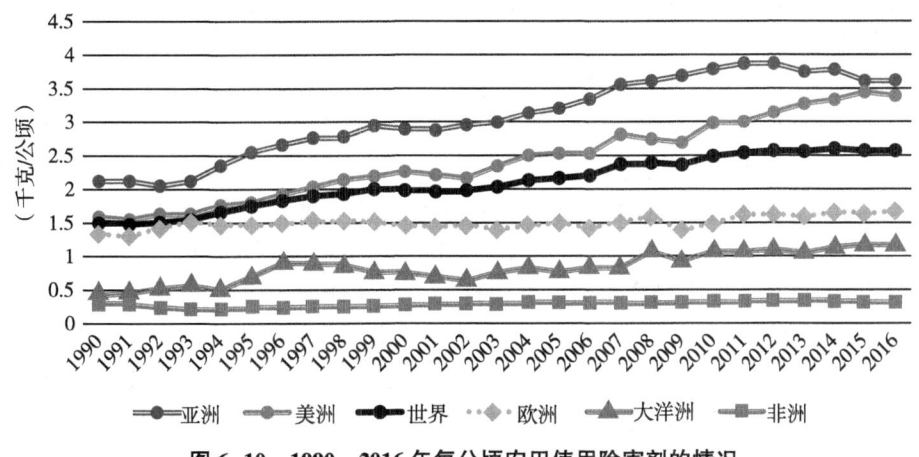

图6-10　1990—2016年每公顷农田使用除害剂的情况

四、需求增长与粮食损失

根据FAO的预测，到2050年世界人口将增加近30%，达到97亿人。全球人口增长以及收入水平的提高带来了对粮食的巨大需求，预计未来全球需要增加70%的粮食产量以及50%的农业投资。

粮食损失和浪费对全球粮食安全、经济发展以及环境保护造成了巨大的负面影响。粮食损失和浪费贯穿粮食价值链的整个过程，从粮食收获、处理、存储、加工、包装、销售和市场一直到粮食消费的最终环节。根据2011年FAO发布的统计数据，全球每年的粮食损失和浪费为13亿吨，大约占粮食总产量的1/3，而蔬菜和水果的收获后损失更是高达50%以上。粮食减损等同于增加粮食供应，有助于增强粮食安全和减少贫困。APEC成员体在粮食减损方面负有重要责任，推动APEC各成员体加强粮食减损方面的努力与合作，对于保证亚太地区的粮食安全至关重要。2014年PPFS制定的《APEC面向2020粮食安全路线图》提出，到2020年，努力使亚太地区粮食损失和浪费总量减少10%的粮食减损目标。

第三节　实现 APEC 农业可持续发展的重要举措

面对上述挑战，APEC 成员体认识到，在没有任何政策干预的情况下，由于需求增加和生产减少的矛盾将进一步推动世界粮食价格的大幅上涨。为此，亚太经合组织于 2011 年建立了粮食安全政策伙伴关系，以加强公私合作，解决本地区的粮食安全问题。

2010 年，第一届亚太经合组织粮食安全部长级会议在日本新潟举行，发表了《亚太经合组织粮食安全新潟宣言》，这是亚太经合组织第一个促进区域粮食安全的全面计划。随后，亚太经合组织粮食安全部长会议分别在俄罗斯喀山（2012 年）、中国北京（2014 年）、秘鲁皮乌拉（2016 年）和智利巴拉斯港（2019 年）举行，发表了《喀山宣言》《北京宣言》《皮乌拉宣言》和《巴拉斯港宣言》，概述了亚太经合组织应对粮食安全的新计划。

为实现 APEC 区域粮食安全和农业可持续发展，在《APEC 粮食安全路线图 2020》的指导下，APEC 各成员体在可持续的农业及渔业生产、促进粮食安全与营养、减少粮食损失和浪费、加强粮食市场与贸易、增加粮食系统投资与基础设施建设等方面进行了诸多努力与合作，这些举措分别在实现农业领域的粮食安全、环境可持续发展以及社会包容增长等方面发挥不同的作用，主要举措包括提升农业适应和减缓气候变化的能力、可持续性的农业资源与环境管理、促进农业投资和贸易便利化、促进粮食生产和消费方式转变、农业减贫和包容性发展等五个方面。

一、提升农业适应和减缓气候变化的能力

经济发展与气候变化是密不可分的。可持续发展目标提出：通过控制排放和促进可再生能源的发展，采取紧急行动应对气候变化及其影响。作为最易受气候变化影响的地区之一，APEC 致力于协调解决气候变化对该地区农业部门的影响。APEC 地区需要更多的可持续发展政策和技术创新、基础设施投资与建设以及发展公私伙伴关系来实施其可持续发展的倡议。提升农业适应和减缓气候变化的能力，一方面在于调整农业生产方式，适应气候变化趋势，保证区域粮食安全；另一方面在于减少农业排放和污染，实现环境的可持续。

以《粮食安全与气候变化公约》为基础，APEC 鼓励各成员体通过发展气候智能型农业（Climate-smartagriculture，CSA），增强粮食系统的弹性并减少农业温室气体排放。气候智能型农业是实现农业可持续发展的一种新模式，旨在对农业系统改造和重新定向，帮助和支持其有效发展并确保在气候变化下的粮食安

全。FAO 明确了气候智能型农业的三个主要目标，分别是持续增加农业产量和收入、建立和提高对气候变化的适应能力、在可能的情况下降低或避免温室气体排放。在此过程中，APEC 强调信息通信技术（Information and Communication Technology，ICT）在气候智能型农业发展方面的重要潜力，并对各成员体的粮食安全与气候变化政策进行梳理和评估。ATCWG 通过信息和最佳实践的分享，在促进创新、实现气候智能型农业生产和粮食供应方面发挥了重要的作用。亚太气候变化适应论坛（Asia-Pacific climate change adaptation forum）则为 APEC 成员体提供了建立伙伴关系和分享所采取行动的知识的机会，以及有助于提高气候变化适应能力的尖端科学和实际解决方案。

二、可持续性的农业资源与环境管理

在农业资源方面，可持续发展目标提出：保护、恢复和促进陆地生态系统的可持续利用，可持续的森林管理，防治荒漠化和土地退化，阻止生物多样性的丧失。面对日益严重的土地、水等自然资源约束和越来越大的环保压力，在农业劳动力转移的情况下，技术创新将成为提高农业生产力的最关键变量，急需应用先进的技术来维持和增加粮食产量，确保以可承受的价格提供食物。农业的可持续发展要求对土地资源、水资源、海洋及海岸等自然资源进行可持续的管理。

1. 提高农业水资源利用水平

2019 年的 PPFS 会议上，智利重申了"新的气候条件下农业水资源的有效和可持续利用有利于粮食安全"倡议，希望通过加强与其他成员体的合作，在农业水资源的有效利用（尤其是灌溉用水管理和技术）、新的高效的灌溉技术、农业中可再生能源的有效利用等三个方面加强能力建设，推动信息和最佳实践的分享。

2. 治理农业环境污染

农药的过度使用是农业环境污染的重要来源之一。随着人们食品安全和环境保护意识的增强，市场对于无毒农产品的需求量快速增加。越来越多的国家都在降低农残允许的最大量，而这种趋势还将继续。精准农业技术和无毒智能农业技术系统通过遥感、AI 等信息技术，实现农作物病虫害的精准预防、病虫害抑制剂的准确施用，对于降低农民在病虫害防治方面的支出、保障消费者的食品安全、推动无毒农业发展等具有重要的意义。

3. 可持续的森林管理

在森林管理方面，APEC 倡议通过建立和完善有关法律框架，赋予当地社区和小型所有者获取森林和树木的权利，激励人们采取更加长期和可持续的方式进行森林管理和经营。政府部门还可以通过增加投资和基础设施建设、加强培训和

能力建设、提供进入市场机会和创新融资方式等政策吸引私人部门、妇女、年轻人参与可持续性的森林经营中，发展混农林业。通过有效的监督机构设置发展良好的治理监督机制，实现跨部门协调，以及多方利益的兼顾。

在森林资源的利用和保护方面，韩国和俄罗斯提供了很好的案例。在过去的20年间，韩国强调森林所提供的公共产品的巨大价值，即森林在应对气候变化、净化空气、保护流域、减少水土流失和保护生物多样性上的潜力和贡献。韩国不断加大森林建设投资，每年的森林公共支出达到20亿美元，同时持续完善森林保护措施，实现了森林资源保护性利用的成功转型，森林覆盖率从1960年的不足40%上升至2018年的63.4%。林业是俄罗斯联邦西北部的阿尔汉格尔斯克地区的重要产业之一，约占该地区GDP的17%，如何在发挥森林的生产功能之外保持其生态平衡是该地区林业发展的重要课题。该地区通过建立产业集群，进行技术创新，促进私企与政府之间的合作实现了森林产业的复兴以及对相关产业带动的"乘数效应"（粮农组织，2018年）。

4. 保护生物多样性

面对粮食安全的诸多挑战，与以往任何时候相比，现在都更加迫切需要保存并可持续利用世界植物遗传多样性，为实现粮食安全打下基础。提高生物多样性可以带来生产力、社会经济、营养和环境等一系列的效益。为此，FAO持续开展了《粮食和农业植物遗传资源全球行动计划》。该计划从保护和可持续利用两个方面进行了大量实质性工作。在原生境保护和管理方面，强调调查和搜集粮食和农业植物遗传资源、支持粮食和农业植物遗传资源农场管理和改良、帮助农民受灾后恢复作物系统以及促进作物野生近缘种的原生境保护和管理；在非原生境保护方面，重点支持粮食和农业植物遗传资源的收集、维持和扩大种质资源非原生境保护、更新和繁殖非原生境种质资源。在可持续利用方面，重点做好四个方面的工作：一是扩大特定收集品的鉴定、评价和进一步开发以促进利用；二是支持植物育种、种质创新和遗传基础拓宽工作；三是促进作物生产多样化和拓宽作物多样性；四是促进所有品种（主要是农民品种/地方品种）和未充分利用物种的开发、商业化应用，以及支持种子生产和分配。在机构和人员能力建设方面，一是加强顶层设计，构建植物遗传资源协作网和植物遗传资源信息系统，强化植物遗传资源监测，确保遗传多样性；二是加强人力资源能力建设；三是加强植物遗传资源重要性宣传，提高公众保护植物遗传资源的意识。上述计划可以作为APEC成员体在保护生物多样性，实现可持续发展方面工作的指导框架。

三、促进农业投资和贸易便利化

实践证明，投资于可持续农业和粮食系统以及农村人口能够有效推进区域可持续发展，包括结束极端贫困、饥饿和营养不良；促进生物多样性；加强自然资源的可持续管理以及建立应对气候变化的抵御能力等各个方面。在农业投资领域，APEC致力于鼓励创造有利的政策和监管环境，促进农村基础设施、粮食供应链物流以及农业产业的投资，加强粮食和农业市场的互联互通。同时，鼓励绿色粮食供应链的基础设施投资。在食品标准的互联互通方面加强区域合作以提高粮食贸易的效率。

农产品贸易与粮食安全的关系密不可分，开放、公平、透明、高效的国际农产品市场有助于保持世界粮食市场的稳定和农产品贸易的公平性。根据粮农组织统计数据显示，2016年全球农产品进口大户的前二十名中，APEC成员体占据14名，分别为美国（排名2，占比10.1%）、中国（排名3，占比8.2%）、日本（排名4，占比4.2%）、加拿大（排名5，占比2.7%）、墨西哥（排名6，占比2%）、中国香港特别行政区（排名7，占比1.9%）、韩国（排名9，占比1.9%）、俄罗斯（排名10，占比1.9%）、印度尼西亚（排名11，占比1.4%）、越南（排名12，占比1.3%）、马来西亚（排名14，占比1.1%）、澳大利亚（排名15，占比1%）、新加坡（排名18，占比0.9%）和泰国（排名19，占比0.9%）。

在粮食出口方面，2016年全球农产品出口大户的前二十名中，APEC成员体占据13名，分别为美国（排名2，占比11%）、中国（排名4，占比4.2%）、加拿大（排名5，占比3.4%）、澳大利亚（排名7，占比2.5%）、印度尼西亚（排名8，占比2.4%）、墨西哥（排名9，占比2.3%）、泰国（排名11，占比2.0%）、马来西亚（排名12，占比1.8%）、新西兰（排名13，占比1.6%）、越南（排名14，占比1.3%）、俄罗斯（排名16，占比1.1%）、智利（排名17，占比0.9%）和新加坡（排名18，占比0.8%）。由此可见，亚太地区在全球粮食贸易中占有较大比例，是国际粮食市场的最重要组成部分，该地区的粮食贸易的稳定和均衡发展对于实现世界粮食安全具有重要的意义。APEC将继续推动该地区粮食市场的一体化，鼓励多边机制的建立。

四、促进粮食生产和消费方式转变

在粮食减损方面，SDGs中的第十二个目标为确保可持续的消费与生产方式。目标12包括使用环境友好型生产方式以及减少粮食浪费。

在区域层面，2014年，PPFS审议并通过了《APEC减少粮食损失和浪费行动计划》，力图在粮食减损领域加深各成员体之间合作，以战胜饥饿和营养不良，提高特别是最贫困和边缘化人口的生活水平。该计划还有助于实现改善粮食安全的千年发展目标。这项反粮食浪费行动计划是APEC粮食安全路线图的一部分，旨在为亚太经合组织成员体提供持久的粮食安全，并提高其粮食供应效率，为低收入消费者提供更实惠的粮食。根据路线图，亚太经合组织的经济目标是到 2020 年将粮食损失和浪费将比 2011—2012 年减少 10%。APEC 在粮食减损方面的合作和努力按照识别粮食减损的关键问题；寻求私人和公共部门的最佳实践；找到切实可行的解决办法，加强能力建设的目标框架逐步展开。在政府层面，2018 年 ATCWG 的最新调查结果显示，包括：中国、中国香港、日本、马来西亚、菲律宾、越南、新加坡、澳大利亚、智利、美国在内的大多数成员体都制定了粮食减损的目标、政策或者战略计划。2019 年 APEC 东道主成员体智利作为一个粮食资源丰富的成员体制定了一项粮食减损计划，到 2022 年将粮食损失和浪费减少 17%。这些措施既适用于发达成员体，也适用于发展中成员体，无论它们是否依赖农业。新加坡没有农业用地，但其是亚洲粮食最安全的成员体之一。它采用一种食物废物管理方法，首先从源头减少食物浪费，然后促进未售出和/或过剩食物的再分配，以及回收和/或处理食物废物。菲律宾是一个依赖农业的成员体，它建立了战略性的收获后设施来管理特定的作物，并发起了一项宣传运动来管理稻米消费，该成员体致力于通过立法，最终实现粮食零浪费。在个人层面，消费者也应当承担其粮食减损的责任，倡导减少粮食浪费的理念以及相应的消费习惯。

技术创新和制度改革也在粮食减损方面发挥了至关重要的作用。日本在 2019 年 APEC 的 PPFS 上报告了其将举办的"通过利用信息与通信技术以及技术创新减少粮食浪费"研讨会的倡议，期待各成员体就在粮食减损方面所采用信息技术、人工智能、创新技术以及方法的实践经验进行分享。在粮食减损的技术领域，私营部门发挥了更加重要的作用。另一方面，公共部门在粮食减损方面的主要任务在于加强相关基础设施建设、政策制定以及提高意识三个方面。当然，这项工作离不开公私部门的密切合作，如需要公共部门为私营部门提供更多的融资支持。

五、农业减贫和包容性发展

农业减贫，不让任何人掉队是实现社会包容性发展的关键。FAO 研究数据显示，在全球范围内，农业雇佣了世界上最多的人口，但是生产了 80% 的粮食的农村人口却占世界极端贫困人口的 4/5，达到 35 亿。亚太地区既是世界经济的重要组成部分，同时也拥有众多的农村人口和贫困人口。农业减贫的关键是小农、农村妇女、青年和原住民和其他弱势群体。

全球约有 20 亿小农和家庭农民，实现包容性增长和农业可持续发展要求赋予小农生产者进入粮食供应链和价值链的权利，加强农民合作，增强其抗风险能力。近年来，APEC倡导采取技术手段和制度措施，在将小农纳入区域农业产业链，推动小农生产实现现代化提高农业产出率、提升农业服务业水平、扩大农业就业机会、增加农村基础设施和基本公共服务投资、教育提升农村人力资本、加快农业技术转移等方面做出了积极的努力。尊重原住民的土地权属，增加资源获取能力和参与商业活动的机会。为易受自然灾害和危机影响的弱势群体提供社会保护，发展能力，开展多元化活动，促进农村就业以加强抵御能力。

对于农村妇女应加强妇女徒弟权属及参与农村劳动力市场和决策的权利。提供节省劳动力的技术，使妇女有更多时间从事生产性活动。对于农村青年应采取积极的就业政策，振兴农村劳动力市场。投资教育和青年培训，提高青年技能，提供更加多元化的就业机会。

中国自改革开放以来，在大规模减贫方面取得了重大进展，对实现联合国千年发展目标做出了卓越贡献。未来中国将进一步实施瞄准农户和个体层面的精准扶贫战略，加快大规模减贫的进程。在农民教育方面，应加强农业部门劳动力的能力建设，以更好地适应数字经济的到来。

主要参考文献

关金森. 2018. 外国"智慧农牧业"的做法与经验 [J]. 农业工程技术, 38 (15)：59-75.

郝亮, 陈劭锋, 刘扬. 2019. 治理视角下中国可持续发展面临的问题与对策研究——基于深圳、桂林、苏北、太原四地可持续发展议程创新示范区建设方案的分析 [J]. 生态经济, 35 (1)：173-179.

刘丽伟, 高中理. 2016. 美国发展"智慧农业"促进农业产业链变革的做法及启示 [J]. 经济纵横 (12)：120-124.

吕珂昕. [2018-11-06]. 亚太地区"小农与扶贫"国际会议在京举行 [EB/OL]. 农民日报, http：//www.haas.cn/newsview.aspx? id=17826.

袁国华, 苏子龙, 席晶. [2019-02-16]. 透视生态修复实践国际标准 [EB/OL]. http：//www.sohu.com/a/295751930_659723.

张波. 2008. 我国农业信息服务的现状、问题及对策研究 [D]. 长沙：湖南农业大学.

张剑智. 2018. 深化生物多样性保护国际合作的思考 [J]. 环境保护, 46 (23)：32-36.

第七章 城乡协调发展

第一节 城乡协调发展的背景

一、城乡一体化

城乡一体化是指在生产力、城镇化水平达到一定高度的条件下,通过城乡统筹发展,以城带乡,以乡补城,互为资源,互为市场,互相服务,建立城乡协调的新型城乡关系,使高度发达的物资文明和精神文明达到城乡共享,实现城乡之间城镇空间布局一体化、经济一体化、基础设施建设一体化、社会文明一体化、社会福利一体化等各方面的一体化的发展过程(张兰新,2018)。城乡一体化要求在社会发展过程中,不断缩小城乡之间在各个方面的差距,从而实现城乡协调、产业互补、社会福利和发展机会的均等化(郑丽果,2018)。

联合国(United Nations,UN)与经济合作发展组织(Organization for Economic Co-operation and Development,OECD)2019年预计,到2050年,世界人口将增长32%,人均国内生产总值将翻一番。与此同时,全球范围内的粮食需求也将极大的增加。因为农村地区不仅在保障粮食安全中扮演了重要角色,在推动社会经济发展、环境保护及文化建设等方面也做出了重要贡献,所以农村地区的发展对APEC成员体乃至全球都至关重要。立足实地推进城乡协调发展,促进产业多样化和区域经济发展,将推动APEC地区的全面发展(APEC,2019)。

全球化、技术进步以及新出现的非农业市场参与者等因素使得人们逐渐意识到,农村政策在制定过程中仅仅考虑农业这一方面是远远不够的。目前,农村地区的发展需要依赖公共部门以及社会团体之间的合作,必须与经济、社会、环境和文化统筹兼顾,这种发展理念也逐渐被世界上越来越多的国家所接受。经合组织认为农村地区情况复杂,其中的需求和机会多种多样,无法推行统一的发展模式(OCDE,2006)。因此,许多国家正试图通过创新管理体制以妥善协调各方利益关系,加快推进城乡一体化发展(APEC,2019)。

在此背景下,APEC成员体希望能够在发展乡村方面进行分享和交流,以期在符合粮食安全政策伙伴关系论坛(Policy Partnership on Food Security,PPFS)

的框架下推进城乡一体化战略,从而提高粮食的质量安全水平。同其他 APEC 成员体一样,2019 年 APEC 东道主智利也经历过显著的经济发展和社会进步,其收入和出口中的很大一部分来源于包括农业在内的第一产业。2018 年,食品、饮品和森林产业的增加值占智利 GDP 的 11%,农村地区生产了智利 32% 的出口商品,并承载了约 30% 的人口。然而,智利农村地区的发展却一直没有得到足够的重视。为此,智利政府决定推行城乡一体化战略,试图通过乡村再评估、加强监管、创新体制等方式以提高农村的经济和生活水平(APEC,2019)。由此可见,对于面临相同境况的 APEC 成员体而言,城乡一体化的相互学习和借鉴至关重要。东道主认为很有必要将城乡协调发展的议题纳入粮食安全政策伙伴关系议程,并号召 APEC 成员体在"粮食安全政策伙伴关系论坛的城乡一体化工作计划"框架之下开展相关经验交流,从而确保亚太地区的粮食安全水平,进而推动所有 APEC 成员体的全面发展。

世界的城镇化进程不断加快,城镇人口消耗了世界上主要的粮食。2014 年,APEC 地区的城镇人口已经达到 17.7 亿人(占全世界城镇人口的 61%),根据世界银行的预测,在 2050 年这个数字将增长至 23.8 亿人(占全世界城镇人口的 77%)。从 2014—2050 年,亚洲的城镇人口比例从 48% 增长至 64%,而拉丁美洲则从 80% 增长至 90%。不断加剧的城镇化使得城乡之间的经济发展差距越来越大,导致食品安全和贫困问题不仅在农村,而且在城镇中也受到了越来越多的关注。这势必将对包括妇女、儿童和老年人在内的弱势群体造成进一步的冲击,因为他们最易受到贫困、食品安全和营养不良的影响。城镇化进程以及农业、渔业、食品系统和乡村面貌的转变,将给包容性增长、扶贫、社会经济环境协调发展和食品安全带来一系列的挑战和机遇。与此同时,APEC 地区的饮食状况也在发生着改变。对于亚洲和拉丁美洲的发展中成员体,高价值和非粮食食品在食品总支出中所占比例达到了 65%~75%;而且这些消耗的食品中有 60%~75% 属于不同程度的加工食品。农村地区生产粮食的现状并没有改变。由于城镇化将直接影响年轻人在农业或者非农业领域就业、新科技在农产品供应链中的应用以及城乡之间的食品流通,因此通过城镇化实现城乡协调发展迫在眉睫(APEC,2017)。

二、小农经济

马克思认为:小农是指小块土地的所有者或租佃者——尤其是所有者,是以个体生产劳动为基础,以家庭为生产单元,土地规模小而又经营分散的自耕农和租佃农(《马克思恩格斯选集》第 4 卷)。小农经济是以家庭为单位进行生产的一种手工业和农业相结合的自给自足的自然经济形式,规模较小,其目的是为了满足生产者的自身生活需要。这主要是就经营规模和劳动性质而言，小农经济是从事小规模的个体经营、劳动（欧阳曦，2017）。

对于许多 APEC 成员体（尤其是东亚成员体）而言，人口密度远高于世界上其他地区，且耕地面积较少，导致该地区的人均耕地面积极小，因此，农业规模化程度也显著低于其他地区。小农经济具有生产规模小、封闭、自给自足等特点，不利于农业的规模化发展，限制了大型农业机械的使用，无法对农作物进行统一管理，严重制约了生产效率的提高。20 世纪 80 年代，拉丁美洲和东南亚的许多发展中成员体没有充分考虑自身情况，对欧美发达国家的农业发展模式进行全盘照搬和复制，结果事与愿违，导致了"耕者无其田"和"城镇贫民窟"的困境，并由此带来了多年的社会问题。

小农经济的局限性决定了其生产方式在本质上是孤立分散的，难以将其组织起来提高生产效率，这与社会化大生产的要求相悖，导致了其接受改造的必然性。然而由于各成员体情况的差异，对小农经济的改造没有统一的模式，不可能在短期内一蹴而就（张若芃，2017），因此各成员体、尤其是发展中成员体需要探索自身的发展道路。中国与许多 APEC 成员体类似，人口众多且耕地面积相对较少，人均耕地面积远低于世界平均水平，城镇化水平偏低的现状使得城镇无法接纳农村剩余劳动力，存在一定的社会稳定风险。因此，发展中成员体应在充分考虑自身情况的基础上借鉴发达成员体的农业发展经验，大力发展农业经济，而不能进行简单的模仿。发展中成员体改造小农的前提，必须是维护小农的利益，例如，有学者建议，应由政府牵头建立一个独立于商业部门且以基层社为主体的农村服务站，该服务站须包含以下两大功能：一是提供供销服务，为农民和商家之间的各种交易牵线搭桥，且能够根据最新的销售信息对农民的生产经营进行引导，从而最大程度上维护农民的利益；二是要充分发挥合作社的作用，代表农民进行农资采购，尽可能减少生产成本。众所周知，农业生产过程中需要许多生产资料，然而单个农民势单力薄，议价能力比较弱，在市场上通常只能被动接受物资供应商提供产品的价格，而成立农民专业合作社可以显著增强农民面对供应商的谈判能力（梁其桃，2016；欧阳曦，2017）。

第二节　中国城乡协调发展状况

一、乡村振兴

2017 年，中国共产党十九大报告首次提出了"乡村振兴战略"，并将其视为决胜全面建成小康社会的有效途径之一。农村是农民的家园，是其赖以生存发展的空间，乡村振兴的最终目的就是实现农业农村现代化，要让农民得到实惠、增加福祉，提高生活水平。

乡村振兴战略的靶向是农村，而农村是一个极其复杂的庞大系统，因此，实施乡村振兴战略也必然是一个复杂的系统战略工程。乡村振兴战略的主要内容涵盖了城乡协调发展、农业农村现代化、农村土地制度改革、国家粮食安全、现代农业三大体系建设、小农户和现代农业发展、农村三产融合、"自治、法治、德治"三治治理结合、"一懂两爱"农村工作队伍建设等诸多方面的内容（廖彩荣等，2017）。

当前乡村振兴过程中存在着以下问题：第一，农村成员结构单一，缺乏复合型成员体系；第二，农村老龄化严重，人口大量外流；第三，乡村教育体系不完善，对人才的吸引力严重不足；第四，农村基础设施建设和政府公共服务不足（饶志刚，2019）。要实现乡村振兴，必须提高认识、拓展思路，理清阻碍农业农村优先发展和城乡协调发展的体制机制障碍，最大限度地激发城乡各类要素的潜能，实现要素的有效配置，不断为农业农村发展注入新的动力（民盟中央，2019）。更重要的是，要坚持因地制宜、循序渐进的原则，准确把握乡村差异性和发展走势分化特征，充分结合当地的实际情况，突出重点、分类施策。既尽力而为，又要量力而行，不搞一刀切，不统一模板，不统一时序（黄伟君，2019）。

二、美丽乡村

2004年以来，我国农业发展取得了举世瞩目的成就，粮食生产实现历史性的"十二连增"，农民增收实现"十二连快"。与此同时，长期以来我国农业的粗放经营方式带来的深层次矛盾却逐步显现，农业可持续发展面临着诸多严峻的挑战，主要体现在水土资源贫乏且配置不合理，农药化肥使用过量及畜禽粪便处理不当导致的环境污染加重等方面。农业生态系统遭到严重破坏，农村的"脏、乱、差"问题一直没有得到有效解决，传统的农业生产方式难以为继（韩海令，2018）。在此背景下，中国共产党在2005年召开了十六届五中全会，会议中首次提出了建设"美丽乡村"，并将其作为社会主义新农村建设的重大历史任务。为了进一步推进美丽乡村的建设进程，2014年12月国家质检总局和国家标准化管理委员会共同发布了《美丽乡村建设指南》，其中确定了"美丽乡村"的国家标准，将"美丽乡村"界定为经济、政治、文化、社会和生态文明相互协调发展，做到规划科学、生产发展、生活宽裕、乡风文明、村容整洁、管理民主，宜居宜业的可持续发展的乡村（国家标准《美丽乡村建设指南》，2014）。

建设"美丽乡村"，关键在于将生态、绿色等理念贯穿于农业生产和农村生活之中，从而实现生活环境的整洁优美、生态系统的稳定健康以及人与自然的和谐共生。"美丽乡村"建设的基本内涵体现在以下三个方面：第一，实现乡村经济的绿色发展；第二，创造卫生整洁的居住环境；第三，充分保护和修复乡村生态环境（李永权，2018）。目前，"美丽乡村建设"尚处在起步阶段，其中存在着诸多问题，包括基础设施建设和环境治理滞后、管理人才缺乏等（樊彭，2019）。建设"美丽乡村"必须紧紧围绕"宜居、宜业、宜游"的目标，注重生态环境资源有效利用，坚持因地制宜，统筹兼顾，将乡村打造成为人居环境美、生活富裕美、社会和谐美、人人幸福美的"宜居、宜业、宜游"的美丽家园。此外，在美丽乡村建设的过程中要做好三个"结合"：第一是将美丽乡村建设与民生改善相结合；第二是将美丽乡村建设与精神文明建设相结合；第三是将美丽乡村建设与生态文明建设相结合（韩海令，2018）。

三、中国城乡协调发展案例分析

1. 福建：茶产业的振兴之路（林婷，2018）

独特的地理、气候和土壤条件等因素造就了福建茶区得天独厚的先天优势。2017年，福建全省毛茶产量为45.2万吨，产值达235亿元，两者均居全国首位。茶产业作为福建七大优势特色产业之一，其发展水平是检验乡村振兴战略实施效果的重要标准。然而，随着需求量的不断增加，加之产业规模、生产条件、生产技术等方面的限制，茶叶生产过程中投入的化肥、农药也逐渐增多，导致茶叶的质量安全状况难以满足消费者的要求。有鉴于此，福建政府立足茶产业现状，集思广益，兼顾自然和人文生态，走出了一条新型发展之路。

（1）构建完备的茶产业现代科技体系。现代科技体系是推动福建茶产业转型升级的有力支撑。近年来，福建省政府投入大量科研经费，创新推广茶叶生产加工技术。尤其重视对强茶树优异种质量资源的保护，加快茶树新品种选育，探索茶园建设综合配套技术，大规模推广应用质量安全防控体系，全面推广绿色防控技术，从而建立起一套体系完备、科技推广应用能力强、产品质量安全不断提升的科技支撑平台。

（2）不断延伸茶产业链条。茶产业的综合发展，离不开供应链的先进管理模式。近年来，福建省政府重点从以下两方面开展工作：一是鼓励茶企业与科研院所积极合作，从消费者角度分析，加强茶叶精深加工技术与新产品的研发力度，最大限度地提升产品附加值；二是借助互联网平台，大力推广电子商务、茶旅融合等产业，积极拓展新的销售渠道。

（3）创新茶产业文化。福建省政府将茶文化资源视为加快推进乡村振兴战略的重要抓手，同时结合被视为经济发展新引擎的文化创意产业，努力创新茶产业文化,提升福建茶产业的品牌优势。为此,当地政府主要从以下两个方面开展工作:一是充分挖掘茶产业相关的文化资源,依靠区域集聚和特色茶品聚集优势,选取具有文化特色的产茶区,打造闽茶文化产业集聚区;二是充分依靠政策引导,建设茶文化产业园区,使茶文化产业链得到进一步的整合和延伸。

2. 陕西省礼泉县袁家村:奋力打造"乡村振兴"的"袁家村模式"

袁家村位于关中平原中部,气候干旱、土壤贫瘠,资源匮乏。该村的命运也几经波折。20世纪70年代,在村党支部的带领下,全体村民齐心协力、艰苦奋斗,粮棉产量极大提升。80年代,村党支部审时度势,抓住改革开放机遇,大力发展村办企业,壮大集体经济,改善村民生活,该村成为陕西著名的"小康村"。90年代后期,随着国家产业政策调整,淘汰落后产能,一些高耗能、高污染的村办小企业陆续被关闭,导致集体经济萎缩,村民收入下降,该村又逐渐沦为一个"空心村"。2007年以来,袁家村党支部与时俱进,紧跟党中央的决策部署,从实际出发,量力而行,循序渐进,将乡村旅游作为袁家村发展的突破口,全面向服务业转型,并提出分步实施、逐步推进的发展思路:

(1)创新理念,振兴乡村。具体为:一是发展乡村旅游。袁家村党支部成立专门负责小组,通过大量调研,决定以关中民俗文化为内涵,以乡村生活、农家乐为特色,建设关中印象体验地村景一体的体验式旅游景区,不仅满足了周边城镇居民旅游的需求,也给当地村民创造了许多就业机会,解决了村民就业和收入问题。二是创意民俗文化。袁家村专门负责小组通过实地调研,最终选择艺术长廊、书屋客栈、创意工坊等新业态,以文创青年、时尚达人参与投资经营为特征,增加了景区的经营内涵,不仅满足周边城镇居民休闲度假和文化消费的需求,而且进一步为周边农民提供了就业机会。三是创建特色小镇。袁家村党支部通过各种途径吸引资金和人才,以实现基础设施完备、服务功能齐全,各类人才聚集,三产融合发展的目的;初步构建了一个既有田园风光,又享时尚生活;既有现代气息,又有乡愁民俗,宜业宜居、开放多元的特色小镇,充分满足了都市居民对高品质生活的向往和追求。

十年前的袁家村只有东西一条街,南北两排房,工厂废墟多,环境脏乱差。而现今,"袁家村——关中印象体验地景区"规模宏大,特色鲜明,设施完善,功能齐全。农家庭院、民宿客栈、小吃街、作坊街、回民街、祠堂街、书院街、大剧院、宝宁寺、观音殿、魁星阁、敬天楼、秦琼祠、烟霞草堂、惟德书屋、关中戏楼、民国建筑等鳞次栉比,美不胜收。袁家村先后"荣获国家AAAA级旅游景区""中国十大美丽乡村""全国乡村旅游示范村""中国十佳小康村""中国最有魅力休闲乡村""国家特色景观旅游名村""全国一村一品示范村""中国乡村旅游创客示范基地"等诸多殊荣。一个普普通通的陕西农村,如今年旅游总收入超过 3.8 亿元，带动了周边数万农民就业，创造了一个"空心村"变身中国最美乡村、最具特色小镇的神话。

（2）转型升级，进城出省。目前，乡村旅游的大潮方兴未艾，袁家村在全国范围内成为行业的标杆，全国各地竞相模仿、复制袁家村的商业运作模式。然而，袁家村党支部居安思危，理性分析乡村旅游的发展趋势，经过全面实地考察和深入调查研究，决定实施"走出去战略"。通过整合人才、资本和市场资源，实施转型升级政策，将乡村旅游向乡村度假转变，推出了一系列以生活客栈、田间、里居、沐舍、绒花阁、桐咖啡等品牌为代表的高端休闲度假产品。与此同时，袁家村党支部实施"进城出省"的走出去战略，以全新的理念和创新经营模式进军西安的各类高端商城，把袁家村的关中小吃美食直接送到西安居民的眼前。例如，位于西安的曲江银泰城引进了袁家村餐饮体验店，袁家村人的诚信赢得广大消费者的信任和青睐，该店开张就异常火爆，由村民入股的 600 万元投资仅仅用了 9 个月时间就全部收回。之后，在西安陆续开业的商店都表现出了很强的盈利能力，也因此受到资本市场的青睐和追捧。能够在大城镇激烈的餐饮竞争中脱颖而出，足以说明袁家村小吃的实力。这也是袁家村的又一创新成功案例，也被许多学者看做供给侧结构性改革的典型案例进行研究。

（3）创新驱动，三产融合。袁家村党支部勇于创新、敢于担当，通过打造关中印象体验地景区，形成了一个"村景一体、三产融合"的完备商业体系和成熟商业模式。经过十多年的发展，袁家村实现了完美蜕变，从乡村旅游起步，通过实施"走出去"战略，使得市场规模逐步扩大，经济效益不断提升，品牌价值更加凸显。与此同时，第三产业日益兴旺，直接带动第二产业的发展。由手工作坊到加工工厂，再到连锁食品企业，第二产业迅速壮大，这样又带动了对优质农副产品原材料的需求。袁家村餐饮企业的快速成长，极大地促进了全省各地的种养殖基地建设和订单农业，进而又促进了第一产业规模的不断扩大，从而在真正意义上实现了由三产带二产促一产、三产融合发展的良性循环。

目前，随着产业升级，许多农副产品的市场、加工和种养殖基地都已走出袁家村。例如面粉和油泼辣子，虽然仍在袁家村进行加工和销售，但是种植基地远在渭南。此外，袁家村党支部还借助互联网平台，推进农副产品的线上和线下销售，不断拓宽销售渠道，确保产业的持续发展。

3. 乳山市：乡村振兴打好"三张牌"，争当乡村振兴齐鲁样板排头兵

在乡村振兴战略实施的背景下，山东省乳山市坚持高点定位，独辟蹊径，把乡村振兴战略的实施与现代农业发展、美丽乡村建设等紧密结合，全面推动乳山的乡村振兴：

一是创建特色小镇，加快发展"新六产"。过去的乳山处处是撂荒的闲置耕

地,现今的乳山实现了葡萄种植、葡萄酒酿造、文旅休闲等一二三产业融合发展,"葡萄+"产业融合发展的模式正在引领一场乡村产业巨变。台依湖项目是乳山"三产融合"发展的集中体现,该项目以"葡萄酒+"为主线,凭借独特的自然优势和生态环境,打造集现代农业、葡萄酒酿造、休闲旅游、文化传播、健康养生、金融投资为一体的综合项目,形成了一个从农业到工业、从服务业到金融业的完整体系。

作为全国首批农村综合性改革试点之一,近年来,乳山市一直致力于探索乡村产业振兴的新路径,秉持"跳出农业看农业,用工业理念谋划农业"的思路,打造出具有乳山特色的新六产发展模式。为加速农业产业转型,乳山围绕农业规模生产、示范园区建设等推出了一系列奖励补贴政策,鼓励土地流转,并通过扶持龙头企业,为农村创造了大量的就业机会。下一步,乳山将立足区域优势,继续走农村产业特色化发展之路,通过借鉴葡萄酒产业小镇的成功经验,着力打造一批特色鲜明、要素集聚、宜居宜业、富有活力的特色产业小镇;同时,依托大型龙头企业,逐步推进新型工业化、城镇化和农业现代化。

二是发展"美丽经济",推进精准扶贫。近年来,乳山围绕生态农业、海洋文化、红色文化等主题,大力实施美丽乡村建设工程,培育发展了岠嵎山特色民宿、胶东红色文化体验、滨海养生休闲等特色产业,延长了产业链条、拓展了产业宽度。同时,乳山深入挖掘地方文化内涵,将生活改善与生态保护相统一、历史文化与现代文明相融合,成功打造出一批极具地方特色的美丽乡村工程。

为解决美丽乡村建设过程中遇到的资金难题,乳山推陈出新,吸引大型企业参与建设运营,通过引导社会资本开发农村资源、盘活闲置资产,发展壮大村庄养老、乡村旅游、现代农业等涉农产业,实现了地方政府和社会资本的双赢。

第三节 APEC城乡协调发展案例分析

一、发达成员体典型案例分析

1. 韩国

"乡村振兴"一词的历史可以追溯至20世纪30年代,一场发生在朝鲜半岛的"朝鲜农村振兴运动"。当时,不仅在韩国,在全世界范围内都出现了乡村危机现象,农村经济衰退,农民收入大幅减少,粮食价格大幅下降。为应对这种情况,朝鲜政府通过组建农民和妇女协会,设立农村青年培训班、妇女培训班,培养了一大批乡村振兴带头人,并鼓励农民种植冬小麦和花卉,有效地提高了各种农作物的产量。朝鲜政府所实施的这一政策也为后来的韩国新村运动奠定了坚实的基础。

20世纪60年代的韩国，城乡差距逐步扩大，农村与农民问题愈发严重，从而导致了70年代的新村运动。为此，韩国政府首先在全国范围内设立了14个新村运动训练中心，举全国之力培养乡村振兴带头人。之后，韩国政府根据实际情况及发展思路，把乡村建设划分为三个阶段：建设以前为"基础村"，家庭收入和基础设施达到标准后为"自助村"，农民获取最大自主权时为"自立村"。通过十几年的不懈努力，韩国范围内的"基础村"在1976年基本上消失殆尽。四年之后，约有97%的韩国农村都转变为"自立村"。在1980—2000年期间，韩国政府克服多种困难，累计投入3兆亿多韩元，专门用于偏远地区生活条件的改善以及基础设施的建设。

21世纪以来，在韩国政府的大力支持下，绿色农村体验村大量涌现，带来了一股乡村旅游的热潮。乡村旅游不仅能够促进农村经济的发展，而且能够提高农民收入，改善农民的生活水平。与此同时，韩国的新村运动也进入了一个新的发展阶段，由最初的政府主导转变为完全由民众参与的民间社会运动，民主法制建设、社会道德和教育在全国范围内受到了越来越多的关注。

20世纪70年代，韩国城镇化率仅为41%，1994年达到了77%，如今则高达90%左右。在城镇化水平较低时，韩国政府便开始推行乡村振兴运动。随着城镇化水平的不断提高，韩国乡村振兴运动的模型也发生了巨大变化，从政府主导型模式逐渐转变为农民主导型模式。经过不懈努力，韩国的乡村人居环境得到极大改善，农民收入大幅增加，城乡差距不断扩大的局面得以缓解。近年来，随着老龄化趋势的下降，一些新的积极态势（例如"归农""归村"）逐渐显现。

2. 日本

作为发达国家的日本，其城镇化程度在20世纪60年代的就已达到了63%，2001年提高到86%，现在则上升至92%左右。在1945—1970年期间，日本大规模撤并村庄，村庄数量减少至过去的8%，而现在更是降至2%的低水平。在这段时间，日本村庄出现过发展停滞的状况。日本的乡村振兴运动始于20世纪60年代，为配合乡村振兴运动，日本政府颁布《农业基本法》，其主要目的在于缩减工农之间收入差距。1967年，日本政府颁布《结构政策的基本方针》，提出许多促进乡村振兴的具体措施，包括完善融资制度、促进农地流转、加快农业机械化等。随后，日本政府又相继制定了《农业振兴法》《农地法》和《农协法》等法律法规，为增强农村活力、改善农业结构提供了坚实的保障。20世纪70年代末，日本政府又发起了浩大的造村运动，大力发展乡村基础设施，旨在进一步缩小城乡差距。

日本在20世纪90年代初遭遇泡沫经济崩溃的打击，其体验型农业、生态旅游与乡村旅游反而迅速发展。1993年伊始，日本政府在全国各地大力推进休闲农业，三产融合的理念越来越为人们所接受，各地的实践活动也深受这一理念的影响。其间，公共部门和私人企业相互协作，公民积极参与，将高附加值与成本控制相结合，兼顾国内外市场，树立了崭新的农村形象，极大地恢复了农村活力。

日本农协是一个巨大的农村网络组织，主要负责物资供应和销售；此外，农民也可以联合起来组建公司，有效地解决了许多地区的农产品销售问题。2002年伊始，日本农村家庭收入已经超过城镇家庭，非农户收入在农户收入中的比例高达86%。

3. 新西兰

新西兰地处南半球，由南岛、北岛及一些小岛组成，国土面积接近27万平方千米，人口约469万。新西兰是一个发达成员体，"2018世界经济排行榜"显示其GDP位居全球第51位。世界上依靠农业立国并进入发达国家行列的国家很少，而新西兰就是其一，农牧业在其国民经济中的地位十分重要。农牧业收入占其国民收入的75%以上，农牧业出口额占其出口总额的50%左右。新西兰是农业净出口国，其农产品出口值高达130多亿新元。新西兰的主要贸易伙伴包括澳大利亚、亚洲、美国及欧洲等。新西兰农业劳动力约有13.2万，约占经济活动人口的8.4%，新西兰农业以家庭农场为主，家庭农场占农场总面积的一半以上，农场主及其家庭成员占农场劳动力的75%以上。

依靠优越的自然禀赋，辅以科技创新，新西兰借助大企业和行业协会的力量，逐渐实现了规模化、一体化的现代农业。新西兰并没有对农业进行直接补贴，但是其农业依然具备很强的国际竞争力，被视为外向型农业的典型代表。

新西兰的农业极具竞争力，其城乡之间的发展非常协调，主要包括以下5个方面的原因：

第一，以先进理念为引导，转变发展方式。新西兰的环境优美，非常适合人类居住。新西兰政府通过多年的不懈努力，使得可持续发展理念深入人心，保护生态环境也早已成为社会共识，呈现出一片人与自然和谐共生的景象。

第二，以依法治理为抓手，建设美丽家园。20世纪80年代，新西兰政府逐渐意识到环保的重要性，在国家的各个层面成立环境保护部门，并推出一系列法律法规，逐步建立起一套完备的环境保护管理体系。

第三，以科学规划为引领，提升发展水平。新西兰政府历来高度重视土地规划工作，每5年对原规划评估一次，每10年重新编制土地规划，而且鼓励公民参与规划制订工作，确保规划的科学性和合理性。另外，对于制订的规划，新西兰政府将其视为指导经济社会发展的行动纲领，明确工作标准、具体措施和目标要求，确保执行到位。

第四，以科技创新为支撑，发展现代农业。新西兰的现代农业水平之高，主要得益于深厚的科技基础。新西兰政府对农业和环境保护方面的科学研究非常重视，其相关部门为此投入大量资金，注重"产学研"相结合，注重科技推广，在农业科技创新的保障下，探索出一条新型的现代农业发展道路，成为各国农业发展的标杆。

第五，以市场运作为手段，激发市场活力。除了运用政策调控和行政干预等行政手段之外，新西兰政府还特别注重利用市场手段来处理环境保护问题，充分发挥市场的倒逼作用，借助市场机制和价格杠杆最大限度地发挥各种市场力量在环境保护中的作用。

二、发展中成员体典型案例分析

1. 菲律宾（FAO，2017）

菲律宾棉兰老岛的农民和渔民对自然灾害和人为灾害都不陌生。近40多年以来，持续不断的武装冲突给当地农民和渔民带来了巨大灾难，他们流离失所，基本生活无法得到保障。更为不幸的是，在过去的5年里，该地区还遭受了严重的台风、洪灾和干旱，这些灾害使得当地农民和渔民的生活雪上加霜。

依靠新西兰政府提供的300万美元赠款，联合国粮农组织在Cotabato省实施一个帮助当地10 475个农业和渔业家庭恢复生计的项目。该项目旨在帮助五个城镇（包括Aleosan、Kabacan、Midsayap、Pigkawayan和Pikit）的农民重新恢复生产，提高他们抵御灾害和气候变化的能力。

2011年以前，棉兰老岛地区很少受到强台风的袭击，被视为菲律宾最适合农业生产的地区之一，吸引了许多大型跨国公司前来投资。然而，在过去五年中，情况发生了巨大的变化，当地的农民和渔民发现自己不得不应对各类极端天气。在棉兰老岛的许多地区，极端天气给农民和渔民带来的灾难更加严重，因为原本他们就因武装冲突而流离失所。"每当战争爆发时，我们的生计都会受到很大的影响。因为当我们撤离时，我们还必须离开我们的农场，而农场中种植着稻米和玉米等农作物。"来自Aleosan市的稻农Noli Calapate讲述了极端天气是如何影响社区的农业活动的："当我们遭受旱灾时，常常因为缺水而无法按时播种。然而在雨季，我们的庄稼有时也会受损，因为我们无法控制洪水。在菲律宾，棉兰老岛被视为自然和人为灾害最严重的地区之一，该地区的Cotabato省也一直被列为最贫穷的省份之一。

粮农组织正在帮助棉兰老岛的农民和渔民恢复生计，增强他们应对极端天气和武装冲突的能力。粮农组织创建的气候智慧型农民田间学校正在研究改变社区生产大米、玉米和蔬菜的方式——这些作物在最近的旱灾和洪灾中受到严重损害。与此同时，这些农民田间学校为广大农民和渔民开办了许多培训课程，包括农场培训、气候信息使用和当地天气咨询、技术演示和野外实习等，并借此向广大农民和渔民推广增强抵御风险能力的方法。除培训课程外，农民田间学校还向广大农民和渔民提供实践的机会。通过实践练习，学员可以深入了解和学习头脑风暴解决方案及农业生态系统，从而有效应对各类挑战。"在灾难应急专题研讨会上，我们学到了许多新的应对方法。此外，我们还学会了如何使用雨量计，如何对付害虫，比如老鼠、黑虫和其他许多破坏我们庄稼的害虫。"农民田间学校学员——Aleosan 市的农民 Marie Fe Valeroso 介绍说。

新西兰驻菲律宾大使馆副团长马修·德维特（Matthew De Wit）在米德萨耶普市发表讲话时说："这个项目最大的价值在于教育。充分吸收粮农组织和专家分享的有关信息、经验和知识，然后将这些内容与社区的农民和渔民进行分享，建立一个积极分享学习的文化氛围。这是该项目取得成功的重要前提。此外，当地的农业推广工作者也与粮农组织合作开展，积极参加农民田间学校举办的各类活动，并通过总结实践经验，将这些活动在其他地区推广。"菲律宾农业部副秘书长拉尼拜·迪兰加伦主管这项工作，他对联合国粮农组织和新西兰表示感谢，并期待在实现大米自给自足以及粮食安全方面继续开展合作。

除应对自然灾害和气候变化的培训活动之外，粮农组织还与菲律宾农业部和地方政府合作，增加针对性投入，帮助 Aleosan、Kabacan、Midsayap、Pigkawayan 和 Pikit 这 5 个城镇的 10 475 个农业和渔业家庭重新恢复生产。这些投入包括大米、玉米和蔬菜种子、果树苗、肥料、干燥网、小型农机、采后设备、家畜和家禽、罗非鱼鱼苗和渔网等。该项目预计将持续到 2017 年 10 月。"我们感谢粮农组织和新西兰人民。他们不仅给我们提供诸如大米、玉米和鸡肉等食品，而且教会了我们如何提升农业发展质量。我们可以用粮农组织提供的种子进行种植，而不需自己付钱购买种子，这笔节省下来的钱就可以用于巴兰基村的厄尔尼诺灾后重建。"玛丽·菲补充道。

2015 年以来，粮农组织在棉兰老岛地区开展的工作一直受该地区的农业和涉农贸易战略方案的指导，该方案支持菲律宾国家和平与发展目标。在这一框架下开展的工作旨在促进包容性、公平和可持续的增长，使小农户脱离贫困，推进落后地区与先进地区之间的区域联动，提高农民应对危机和气候影响的能力。

2. 巴布亚新几内亚（FAO，2019）

在巴布亚新几内亚，生猪产业无论在文化方面还是在经济方面都发挥着重要作用。全球对猪肉需求的增长带来了新的出口机会，但前提是农户能够提供高质量的产品。为此，联合国粮农组织和国际电信联盟（ITU）展开合作，共同创建一个分布式账本系统，该系统基于区块链技术开发而成，可以实现对产品质量的全程追溯，从而打消消费者的顾虑。借助于该系统，生猪养殖农户能够对重要的养殖信息进行记录，包括谱系、食品投喂以及疾病防治等方面。在系统运行之前，消费者无法验证这些重要信息。因此，该系统的实施对于消费者信心的建立非常重要，同时可以确保生猪养殖农户能够开拓市场提高收益。

在巴布亚新几内亚，没有烤猪的庆祝活动是不完整的。作为岛上为数不多的哺乳动物之一，猪在这个国家的文化和经济中扮演着重要的角色。一直以来，巴布亚新几内亚生猪饲养的主体是广大的小农户，生猪产品销售范围也仅限于当地。然而，全球猪肉需求的增长给他们带来了撬开国际市场大门的机会。目前，巴布亚新几内亚的养猪农户正试图助区块链、数据记录等技术手段，以证明他们的生猪产品能够符合国际市场的要求。

应巴布亚新几内亚吉瓦卡省政府的要求，粮农组织和国际电信联盟为小农户设计了一套新型的家畜跟踪区块链系统，通过使用射频识别技术（RFID）和一款智能手机应用程序（App），养殖农户可以保存生猪饲养过程中的各种记录——例如甘薯投喂或者疫苗接种情况。得益于该系统强大的记录功能，消费者可以放心地购买各类生猪产品，同时也让农户获得了更公平的投资回报。吉瓦卡省的社区成员迫切希望这种新型的家畜跟踪区块链系统能够尽快投入使用，目前，该系统正在吉瓦卡地区进行测试。为此，吉瓦卡省政府对 25 位生猪饲养农户进行资助，并且对他们开展手机 App 使用培训。与此同时，巴布亚新几内亚的国家通信部门正在全力改善全国各地的宽带连接状况，农户也将更容易地使用智能手机更新生猪饲养的各类记录，并将其保存在云数据库中。约翰内斯·帕坎格是当地一名种植柠檬、橘子和养猪的农民，他非常看好这项新技术在生猪养殖中的应用价值，他说："粮农组织推广的这个追溯系统非常实用。我已经将所有猪仔做了标记，等它们长到 100 千克的时候再考虑出售，届时购买者能够看到这些猪仔生长过程中的所有信息。"

除区块链技术外，粮农组织还在制定其他与畜牧业有关的倡议。例如，粮农组织联合巴布亚新几内亚农业和畜牧业部，向农民提供提供生猪养殖技术培训，以提高生猪的健康水平和价值。此外，粮农组织和国际电联还为巴布亚新几内亚在制定国家电子农业战略方面提供技术援助，该战略旨在帮助该国农民利用通信技术应对农业方面的挑战。更为重要的是，粮农组织还与巴布亚新几内亚的省级卫生官员开展合作，提高人们对抗生素耐药性的认识以及对饲养、食用健康动物重要性的认识。巴布亚新几内亚的养殖农户经常给猪服用人类使用的抗生素，而这将导致它们对药物产生耐药性。当这些猪被吃掉时，这种抗药性就会传递给人类，人类将因此面临一种对任何治疗都没有反应的"超级细菌"的风险。因此，粮农组织鼓励农民采取一种综合的卫生方法，着眼于保障人类和动物的健康，以减少疾病威胁和确保安全的食品供应。

该项目的下一步工作是改进手机应用程序，让更广泛的农民群体可以使用。粮农组织还与巴布亚新几内亚的银行和移动运营商开展合作，使在线支付成为可能。对于农产品物流而言，该项目还可以为经营者创造新的机会，并降低生猪的运输成本。该区块链软件不仅给本地市场的带来了更高的信任度，同时也带来了许多商机，而且为下一步的系统开发奠定了基础。未来开发的系统将有助于提高饲养农行的技术水平，使其产品能够符合家畜出口的国际标准。目前，粮农组织的主要工作是帮助农民提高收入，降低抗生素耐药性，在整个价值链中创造新的机会。

3. 秘鲁（FAO，2015）

秘鲁是传统农业国，经济水平居拉美中游。2011年农牧业产值同比增长3.8%，渔业产值同比增长29.7%。2010年播种面积141.18万公顷，农业人口约占全国人口的1/3。

秘鲁的农作物种植存在着以下两个问题：第一，在高质量种子、肥料和其他农业化学品方面投入不足；第二，种植管理水平低下，主要体现在施肥、除草、病虫害防治和土壤保持等方面。以上问题导致秘鲁农业生产的低质量、低产量以及可持续性不足。秘鲁的农业管理存在着以下三个问题：第一，农业生产的计划性较差；第二，农产品供应链中的各项活动完全割裂，供应链绩效水平低；第三，农产品质量标准不清晰；第四，农民组织程度低，在销售过程中无法实现与中间商或销售商的平等对接。以上问题导致秘鲁农产品的供应量很少且不稳定，供应日期不确定，农产品质量水平无法保证。为此，秘鲁政府着力提升农民的技术素质，并引导农民与其他农产品价值链节点成员加强合作，提高整个农产品供应链的效率，进而提高农业可持续发展水平。

紫玉米是秘鲁特有的一个玉米品种。在传统的种植模式下，秘鲁的紫玉米平均产量为1.5吨/公顷。通过对种植技术的不断改进，紫玉米的平均产量在2013年达到了4.4吨/公顷，在2015年则提高到5.5吨/公顷。与此同时，秘鲁农业部门大力提升农民组织化程度，结合市场需求科学合理地制订生产计划，并据此向农业生产资料供应商采购生产物资，在保证生产资料质量的同时也降低了农民的采购成本。农民联合组织与单个农民相比，具有更高的谈判能力，能够显著提高紫玉米的销售价格，降低紫玉米的流通费用，从而增加农民收入。

在安第斯山脉的中心，秘鲁的万卡维利卡社区今年有许多值得庆祝的事情：每个农户都能够种植和出售自己的农产品，儿童可以摄取到充足的营养，当地土著组织正在保护当地的各类民俗文化。2007—2011年期间，联合国粮农组织与新西兰援助计划小组合作发起了 FORSANDINO 项目，通过加强当地土著组织的力量和提高农业生产水平，成功帮助大约 1 100 个土著家庭改善生活水平。

提高作物产量和减少贫困家庭的数量仅仅是联合国粮农组织在秘鲁实施 FORSANDINO 项目所带来的两个方面的积极影响。2007—2011 年期间，新西兰援助计划小组与联合国粮农组织在秘鲁万卡维利卡城镇实施了"强化安第斯高地土著组织并恢复其传统产品"（FORSANDINO）项目，该项目的总目标是通过加强对土著社区的组织管理，提高他们的生活水平。

在万卡维利卡城镇，通过将传统食品纳入家庭日常饮食，并销售剩余的农产品，当地的粮食安全状况和儿童营养健康状况同时得以改善，而且还给当地农民带来了一定的额外收入。粮农组织官员所罗门·萨尔塞多表示："传统农作物之所以重要，是因为它们能够促进农业生产，实现农业生产多样化，提升安第斯国家应对国际市场变化和气候变化的能力。"

参与该项目的社区能够获得新的业务，他们可以将多余的种子卖给政府机构和组织以盈利。在实施该项目之后，秘鲁许多社区的传统作物产量显著增加：藜麦产量增加 329%，塔尔维产量增加 172%，土豆、块茎酢浆草和块茎金莲花的产量均增加 100%。此外，参与调查的家庭消费这些农产品的人均数量也相应增加：藜麦为 73%、块茎金莲花为 43%、块茎酢浆草为 64%。

来自秘鲁 Padre Rumi 社区的亚历杭德罗·奎斯佩说："以前我们只能去市场上购买蔬菜，但现在我们拥有了自己的有机菜园和家庭温室，可以自己生产蔬菜了。"在秘鲁，参与该项目的家庭的人均年净收入增加 54%，生活在贫困线以下的家庭数量也有所下降。亚历杭德罗·奎斯佩说："我们现在吃得比以前更好了。我们意识到必须要均衡饮食，尤其应该消费我们自己生产的农产品。"

在这个项目的实施过程中，联合国粮农组织以现有社区发展计划为基础，进一步扩大公众参与程度，使农民能够获得更多的资金支持。除量化指标外，社区成员在各种公共空间的参与程度也有所提高。例如，秘鲁成立促进社区发展委员会，由具备地方规划或资源管理等领域专业知识的技术人员构成。此外，秘鲁还建立了交流信息和经验的网络平台，力图进一步改善社区人民的生活质量、粮食和营养安全水平。乡村广播是交流经验的最常用的手段之一。

4. 越南

（1）清洁孵化场建设项目（FAO，2016）。随着越南经济的迅速增长和城镇人口的激增，近年来对粮食的需求迅速增加。家禽是越南重要的动物蛋白来源，河内贸易部 2014 年的统计数据显示：仅越南首都河内，每月消费的禽肉就高达 465 万千克左右。目前，越南的许多个体家庭都在经营自己的中小型母羊农场或孵化场，一定程度上满足了城镇人口消费的需求，同时也能够带来不菲的额外收入。为支持这些中小型家禽养殖户，联合国粮农组织越南跨界动物疾病紧急中心（ECTAD）和农业农村发展部（MARD）的畜牧生产部门（DLP）为中小型家禽养殖场和孵化场制定了基本的生物安全标准，这些标准的评估工作由美国国际开发署（USAID）进行资助。通过推广这些生物安全标准，农户在保护他们的家禽免受包括禽流感在内的疾病侵袭的同时，其工作环境也获得了极大的改善。联合国粮农组织目前正与世界家禽基金会（WPF）开展合作，通过总结经验教训，探索规律，使得更多的越南农民受益，以期为越南的孵化场环境改善找到一个可持续的解决办法。

联合国粮农组织的家禽价值链评估方案显示：越南中小型家禽养殖场和孵化场在执行干净和安全的农场作业规范方面缺乏指导和专业知识。不良的生物安全条件不仅导致产品质量低下，而且导致病原体传播、环境污染，直接威胁工作人员的健康。事实上，自2003年以来，家禽养殖场的生物安全状况不佳一直被认为是导致H5N1高致病性禽流感出现和传播的原因之一，而这也威胁着越南家禽价值链中的食品安全。虽然越南农业农村发展部为大型家禽养殖场和孵化场制定了生物安全准则，但这些准则却并不适用于中小型家禽养殖场和孵化场。越南广三省和灿都省被选为试点区域，在12个养鸭场和孵化场中实施了15项简单的生物安全措施，包括引进新的饲养员和低成本的鸟巢，将家禽与农民的生活区分开，实施改进的卫生措施（例如鸡蛋熏烟消毒法），以及采取更有效的管理方法。仅仅3个月后，这12个养鸭场和孵化场所生产的鸭蛋在产量和质量方面都得到了一定程度的提高。孙先生是这项工作的参与者之一，他的孵化场在实施这些新的安全管理措施后效果显著，有850只产卵鸭增加了孵化量，共计2 245只小鸭。这些小鸭在两个半月的时间内孵化完成，带来了530美元的额外收入。此外，鸭群中的腹泻病例明显减少，坏蛋率明显下降，鸭群健康状况得以改善。与此同时，养鸭场和孵化场的生产变得更清洁，工作环境变得更加宜人。

在该项目实施的3个月期间，这12个养鸭场和孵化场凭借孵化率的提高获得了271~4 327美元的额外收入。尤其是小鸭出生一周内存活率的显著提高，极大地提升了孵化场在买家中的声誉，也带来了许多新的业务。这些变化不仅减少了当地农民的工作时间，而且提高了他们的生活质量。针对性培训对于在家禽养殖阶段建立良好的生物安全性具有重要作用。根据试点项目的成功经验，越南农业农村发展部制定并推出了"中小型孵化场最低生物保安措施指引"和"中小型家禽饲养场最低生物保障措施指引"两项行业规范。

在家禽价值链的起点建立良好的生物安全保障机制的措施，给12个试点养鸭场和孵化场带来了积极的影响。联合国粮农组织及其合作伙伴认识到，针对性培训是确保继续取得成功的关键。接下来，养殖农户将会获得更多培训机会和宣传影片，他们将了解到更多的农场管理方法，这些方法可以显著提高养殖户的养殖能力、减少疾病和改善食品安全，进而改善他们的生活水平。此外，联合国粮农组织与世界家禽基金会合作，编制了一套完整的《养殖技术培训手册》，并向更多的越南小型孵化场所有者进行推广。

（2）义安省农业可持续发展策略（APEC，2017）。义安省位于越南北部，拥有300万人口和1.65万公顷的土地，其中，耕地面积约占16%。义安省的丘陵地区主要种植橙子和茶，山区主要种植生姜和百香果，平原地区则主要生产花生和水稻。目前，义安省的农业方面有以下两个问题亟待解决：第一，缺乏市场需求方面的信息；第二，缺乏能够满足市场需要的生产体系。义安省人民委员会（Provincial Peoples Committee，PPC）与日本国际合作署（Japanese International Cooperation Agency，JICA）开展合作，创建农业营销平台（Agricultural Marketing Platform，AMPF），并大力推广"订单农业"模式，旨在提升该地区的农产品价值链，解决以上农业发展瓶颈。

第一，创建农业营销平台，促进农产品价值链节点成员之间的交流和商业配对。农业营销平台的主要职能包括：组织和参与义安地区农产品展览会；为农民提供技术支持和咨询服务，推广"订单农业"；为农业企业提供技术支持，提高农业生产水平。农业营销平台的主要工作包括：组织交流会；维护数据库；开展公共活动；实施农业试验计划。

第二，推行"订单农业"，提升农产品价值链的稳定性。农业营销平台通过以下措施来推行"订单农业"的实施：评估"订单农业"模式对国内国际市场需求的应对措施；为农户提供技术支持，提高农业生产水平，以满足特殊的市场需求；评估"订单农业"的实施效果。

农业营销平台的创建，使得精准获取国内外消费者的需求信息成为可能，从而为义安地区的农民创造了更多的商机。订单农业的实施，使得义安地区的农民可以根据消费者的特殊要求从事农业生产，从而推动了农产品价值链绩效的进一步提升。

5. 俄罗斯

俄罗斯是世界上面积最大的国家，其耕地面积广阔、土地肥沃，具有发展农业的优良条件。在国际油价高企时期，农业在俄罗斯并没有受到足够的重视。近几年，国际油价的不稳定迫使俄罗斯开展转变发展思路，农业受到了越来越多的关注，一些专家也将农业称为俄罗斯"经济的未来"。

俄罗斯是耕作业与畜牧业并重的国家，两者产值大体相当，谷物种植业是耕作业的基础。鉴于其寒冷的气候条件，俄罗斯的粮食作物种类较少，主要为麦类。另外，俄罗斯草原面积辽阔，饲料资源丰富，非常适宜畜牧业的发展，其畜牧业在国际上也占有一定地位。近年来，俄罗斯小麦出口总量持续增长，统计显示，截至2018年6月，俄罗斯出口的小麦已超过4 000万吨，比去年同期增长50%左右。按照俄罗斯农业部的估计，2019年俄罗斯畜牧业将继续保持稳中有进的发展势头，预计该行业所有基础部门均将实现增长。

近年来，俄罗斯的农业生产之所以能够快速发展，主要依靠农业政策和资金扶持。俄罗斯农业生产状况的改善与粮食产量的提高，主要得益于以下几个方面的原因：

第一，俄罗斯政府采取了多种农业保护政策。2012年，俄罗斯加入世贸组织，农业开始受了国际市场的各种冲击。为保护本国农业，俄罗斯政府相继推出一系列农业保护政策，并通过扶持中小型涉农企业和培育新型农业经营主体，加快推动农业的转型升级。此外，俄罗斯还借鉴发达国家的相关经验，在全国范围内大力推广农业保险，并逐步提高补贴标准，进一步调动农民的生产积极性；同时，在国家层面设立农产品价格调节基金，充分发挥市场作用，运用市场调控手段尽可能减少农产品价格波动对市场的不利影响。

第二，俄罗斯政府不断增加向农业提供优惠贷款和投资性贷款的力度。为进一步推动农业的可持续发展，俄罗斯政府为涉农企业提供了一系列优惠的信贷政策，规定涉农贷款的年利率不得超过5%。2017年，俄罗斯政府在原来的基础上追加投放涉农惠农资金360亿卢布，投放资金总额已达到2 500亿卢布。同时，俄罗斯政府对农业科技的创新工作也高度重视。近年来，俄罗斯畜牧业取得的显著进步，正是得益于科学化、专业化水平的不断提高。截至目前，俄罗斯全国范围内已建有超过2 500多座的现代化畜牧业综合体，而且将进一步增加财政支持力度，扩大家畜养殖规模。近些年，新型的现代化猪场在俄罗斯不断涌现。除猪舍外，这些新建的现代化养猪场还同时建有饲料加工厂、污水处理及再利用工厂、屠宰场、猪肉加工厂等功能区。在俄罗斯政府的大力资助下，许多饲料供给基地相继建立，不仅有助于增加产业及缩减成本，而且也带动了大量农村剩余劳动力的就业，提高了农民的经济收益。

在农业快速发展的背景下，农产品出口额连年增长，极大地促进了俄罗斯的经济发展。更重要的是，飞速发展的农业也对俄罗斯的城乡两极分化也起到了一定的缓解作用。

6. 墨西哥

墨西哥位于北美洲南部，领土面积达197万平方千米，是拉丁美洲第三大国。农业是墨西哥经济的基础，墨西哥农业部发布的资料显示：截至2014年，墨西哥全境的种植面积为2 690万公顷，种植业从业人口达600万。牛油果是一种源自拉丁美洲的水果，被称为"新水果之王"。墨西哥正是全球牛油果产量最大的国家，同时也是牛油果种植历史最悠久的国家，墨西哥牛油果的产量约占全球总产量的1/3。在2017年，墨西哥牛油果产量更是高达199.7万吨，刷新历史纪录。墨西哥牛油果不仅品质优良，而且可以实现全年无间断供应。这些成就的取得，正是得益于墨西哥在供应链的各关键环节所推行的最优管理措施。

墨西哥的米却肯州是牛油果的主产区之一。凭借地理优势，米却肯州的牛油果一年之内能够四次开花。在墨西哥政府的大力支持下，墨西哥的设施农业发展迅速，遮阳棚和温室数量逐年增多。统计显示，墨西哥农业设施保护地面积平均每年增长12%，基础设施投资已达35亿美元。设施农业为墨西哥牛油果产业的迅速发展提供了科技支撑和保障。同时，当地牛油果种植农户根据地势的不同，种植早产和晚产两种不同的牛油果树品种，并在种植过程中严格按照操作规范进行施肥、修剪、灌溉和病虫害虫防治，从而实现了一年四季源源不断的牛油果供应。在采摘环节，农民借助X-光分级技术进行严苛的分拣操作，确保牛油果的大小均等、形状匀称，果皮色泽从钝绿到黑色均匀无暇。而在牛油果的产后环节，冷链技术的应用对牛油果的运输和保存发挥了重要作用。此外，根据牛油果中干物质含量的不同，果农采用不同的保存方式，确保实现最佳的保存效果。借助于供应链这个现代化的管理平台，全球的消费者都能在最短时间内吃到来自墨西哥的牛油果，而且牛油果的口感和品质也能够得到保障。

第四节　展望

自然资源和人口分布的非均衡性，地理区位和制度实施的差异，导致了城乡发展的不平衡（石霞，2017）。工业化和城镇化的初期，城乡之间的差距逐渐加大。城乡之间存在的巨大差距不仅体现在经济发展水平方面，还体现在教育、医疗和文化发展水平等方面。城乡之间的发展不平衡不仅严重影响社会公平，而且将极大制约经济社会的可持续发展。工业化和城镇化后期，发达国家的城镇工商业已经具备了雄厚的基础，城镇集聚效应开始向扩散效应转变。与此同时，发达国家相继实行工业反哺农业战略，积极推动城乡协调发展。经过半个多世纪的发展，发达国家的人均GDP均超过了1万美元，城镇化水平均达到了70%以上，基本上实现了城乡一体化（张强等，2006）。在统筹城乡协调发展方面，许多发达国家的经验非常值得借鉴。

作为一个农业大国，中国与许多APEC成员体一样，具有农业占比高、农村范围广大、农村人口众多的基本国情。自2003年党的十六大报告提出统筹城乡发展以来，城乡一体化作为我国经济社会发展的重大战略部署得以全面推进，经过十多年的探索和实践，城乡差距逐渐缩小。中国愿同其他APEC成员体一道，积极分享和交流有关城乡协调发展的经验教训,加强合作,共享发展机遇,共同推进APEC地区的农村发展,为APEC地区的城乡一体化贡献力量。

主要参考文献

樊彭.2019.浅析乡村振兴战略下美丽乡村建设[J].规划与设计(1):107-108.

韩海令.2018.谈美丽乡村建设的路径选择[J].城乡规划(24):122.

黄伟君.2019.浅谈乡村振兴[J].创新思维,5:52-53.

李永权.2018.延边地区美丽乡村建设研究[D].延吉:延边大学。

梁其桃.2016.谈小农经济发展出路[J].合作经济与科技(2):10-11.

廖彩荣,陈美球.2017.乡村振兴战略的理论逻辑、科学内涵与实现路径[J].农林经济管理学报,16(6):795-802.

林婷.2018.乡村振兴战略下福建茶产业的综合生态发展研究[J].经济管理(10):81.

马克思,恩格斯.2012.马克思恩格斯选集:第4卷[M].北京:人民出版社.

《美丽乡村建设指南》国家标准起草组.2014.美丽乡村建设指南:(GBT32000-2015)[S].北京:中国标准出版社.

欧阳曦.2017.东亚小农经济的发展路径[J].经贸实践(28):133.

饶志刚.2019.乡村振兴的内涵与实施障碍[J].中国集体经济(4):5-6.

石霞.2017.城乡协调发展问题研究[J].领导科学论坛(12):3-23.

张兰新.2018.浅析城乡一体化发展[J].人民论坛(28):298.

张强,吴志冲.2006.发达国家和地区的城乡协调发展[J].世界农业(1):10-12.

张若芃.2017.人民公社与小农经济的改造[D].重庆:西南政法大学.

郑丽果.2018.城乡一体化与乡村振兴如何协调发展[J].人民论坛,10:78-79.

第八章 绿色农业

第一节 绿色农业的发展历程与基本内涵

一、国际绿色农业的兴起与发展

绿色农业是在有机农业、生态农业、可持续农业等诸多农业发展模式的实践基础上提出来的。绿色农业最早兴起于20世纪20年代的欧洲，20世纪30年代初英国农学家A.霍华德提出"有机农业"概念，这一阶段的绿色农业强调满足少部分人需求的绿色农产品供给。

20世纪中后期，随着"石油农业"高速发展，化肥、农药等化学投入品长期过量使用，导致土壤退化、重金属残留超标、环境污染和食品安全等问题日益严重。发达国家率先在转变农业发展方式方面进行了探索，强调农业生态环境保护的各种农业思潮不断涌现。美国首先提出要以绿色农业替代传统农业，于1971年成立了罗代尔研究所，开展农耕体系试验，成为全球著名的有机农业研究所。1972年国际有机农业运动联盟成立，旨在向大众推广有机农业。1975年英国在国际生物农业会议上，肯定了有机农业的优点，使有机农业在英国得到了广泛的接受和发展。日本于20世纪70年代开始发展生态农业，重点强减少农业面源污染，提高农产品品质安全。菲律宾是东南亚地区发展生态农业的典型代表，建设的玛雅农场是一个农林牧副渔良性循环的农业生态系统，实现了生物物质的充分循环利用，得到了国际社会高度评价（刘濛，2013）。20世纪90年代以来，绿色农业的发展逐渐变成全球性的议题，被广泛认同和支持，各国政府制定相应的政策发展绿色农业。

二、中国绿色农业的发展历程

我国绿色农业发展思想始于20世纪80年代，并于80年代中期明确提出"绿色农业"概念（黄国勤等，2008），但官方正式提出"绿色农业"概念已是2003年。纵观我国绿色农业的发展历程，可以将其划分为三个阶段。

1. 萌芽探索阶段（1980—2002年）

我国绿色农业兴起主要源于生态农业理念与实践探索，绿色食品工程实施为绿色农业发展提供了契机。

20世纪80年代初，随着发达国家纷纷提出和实践了替代石油农业，我国发展生态农业的呼声越来越高。一些生态学家倡导运用生态系统平衡理念指导农业生产。该理念的核心是以物质能量循环在农业生产系统内部实现农业发展与生态保护的协调。在该理念指导下，一些省份开展了生态农业试点，为之后绿色农业的提出和发展积累了实践经验。1986年，有学者发表了题为《发展高技术应创建三色农业——绿色农业、蓝色农业、白色农业》的论文，明确提出了"绿色农业"的概念，绿色农业开始走进大众的视野。

1990年，以实施绿色食品工程项目为标志，中国正式提出"绿色食品"的概念，并着手建设有利于增加绿色食品产出的农业基础设施，设立绿色食品专门管理机构，建立绿色食品质量监测系统，制定绿色食品行业技术标准和规范，实施绿色食品标志商标注册申请制度（刘子飞，2016）。与此同时，成立行业性组织"中国绿色食品协会"，加入"有机农业运动国际联盟组织"，积极推动绿色食品发展。到21世纪初，在绿色食品快速发展的推动下，社会各界也展开了农业绿色化的大探讨，中国绿色农业呼之欲出。

2. 快速发展阶段（2003—2014年）

2003年10月，中国绿色食品协会在"亚太地区绿色食品与有机农业市场通道建设国际研讨会"上首次正式提出了"绿色农业"的概念（刘子飞，2016），倡议开展"绿色农业"理论研究和"绿色农业"运动，建立"绿色农业"体系。研讨会提出了亚太地区有机农业与绿色食品行动建议，推动建立"亚太地区绿色农业高层论坛"，成立"亚太地区绿色农业联盟"，以加强市场通道建设，畅通亚太国家和地区间的交流与合作，推动亚太地区"绿色农业"的发展。

在官方正式提出绿色农业概念之后，中国绿色农业迅速发展，健全了绿色农业产品认证层次和标准等，形成了无公害食品、绿色食品、有机农产品三个级别的基本农产品质量体系。同时，对外交流合作不断加强。与欧盟委员会认证机构、法国爱克赛尔认证机构、德国德米特认证机构、英国土壤协会认证机构、日本农业标准认证机构、澳大利亚有机认证中心等签署了合作协议，多次组织国内绿色食品生产企业参与欧盟、日本等主办的有机食品博览会，成功实现绿色农业"走出去、引进来"的跨步。

3. 全面发展阶段（2015年至今）

随着绿色发展成为时代潮流，中国积极适应"新常态"，习近平总书记"两山"理论和中共十八届五中全会提出的"创新、协调、绿色、开放、共享"发展理念为中国绿色发展指明了方向。农业是中国经济社会的基础产业和重要组成部分。进入21世纪以来，中国农业面临的资源环境约束趋紧、农业面源污染加重、农业生态系统退化明显等问题日益凸显，对农业绿色转型发展提出了迫切需求。近四年中央一号文件、党的十九大报告以及中央农村工作会议围绕推动农业供给侧结构性改革、提升农业发展质量、增强农业可持续发展能力，提出了农业绿色发展的总体战略，并对农业绿色发展的重点领域及措施进行了具体部署，尤其是2017年中共中央办公厅、国务院办公厅印发的《关于创新体制机制推进农业绿色发展的意见》，明确了推进农业绿色发展的"路线图"。同年，农业农村部启动实施了畜禽粪污资源化利用、果菜茶有机肥替代化肥、东北地区秸秆处理、农膜回收、耕地质量保护与提升等一系列行动。中国绿色农业进入全面发展阶段。

三、绿色农业的基本内涵

1. 概念

随着绿色农业的发展，绿色农业的概念也被不断演绎。在萌芽探索阶段，多是从生产实践的角度来剖析绿色农业，更多关注于绿色农业的产品层面，将绿色农业看成是绿色食品的外延。在快速发展阶段，侧重从发展要求和目标的角度来阐述绿色农业，认为绿色农业是"充分运用先进科学技术、先进工业装备和先进管理理念，以促进农产品安全、生态安全、资源安全和提高农业综合经济效益的协调统一为目标，以倡导农产品标准化为手段，推动人类社会和经济全面、协调、可持续发展的农业发展模式"（刘连馥，2005；严立冬、崔元锋，2009；赵大伟，2012；王德胜，2016）。在全面发展阶段，绿色农业的概念不断拓展，可以概括为：绿色农业是以资源节约为基本特征，以环境友好为内在属性，以生态保育为根本要求，以质量高效为重要目标的农业高质量发展新模式，其核心要义是统筹协调农业发展的经济效益、社会效益、环境效益和生态效益，突出强调农业产地环境、生产过程和农产品输出全系统、全过程绿色化（魏琦等，2018）。

2. 特征

（1）资源节约。绿色农业运用先进的工业装备、科学技术和现代管理理念，提高资源利用率、土地产出率和劳动生产率，实现农业节本增效、节约增收。

（2）环境友好。绿色农业就是要大力推广绿色投入品和清洁生产技术，促进农业废弃物资源化利用、无害化处理，加快农业面源污染治理，确保农业生产对环境无损害，重显农业绿色的本色。

（3）生态保育。绿色农业注重与生态系统的衔接，通过培育可持续、可循环的发展模式，把生态与生产进行优化组合，深度挖掘农业的生态价值，将农业建设成重要的生态支撑。

（4）质量高效。绿色农业就是要确保农产品从田园到餐桌的全过程质量可控，保障优质、安全、放心农产品的供给，促进农产品供给由主要满足"量"的需求向更加注重"质"的需求转变。

第二节　中国绿色农业发展态势

一、主要成效

1. 资源利用更加节约高效

全国耕地平均质量逐步提高。目前，全国耕地平均质量等级为 5.09 等[①]。其中，高等地耕地面积 5.55 亿亩，比 2014 年增加了 0.57 亿亩；中等地 9.12 亿亩，比 2014 年增加了 0.94 亿亩；低等地 5.59 亿亩，比 2014 年增加了 0.49 亿亩。从不同等级耕地占全国耕地总面积的比例来看，高等地和中等地的比例分别由 2014 年的 27.27%、44.80% 提高到 2016 年 27.39%、45.01%，而低等地的比例由 2014 年的 27.93% 下降到 27.59%（图 8-1）。

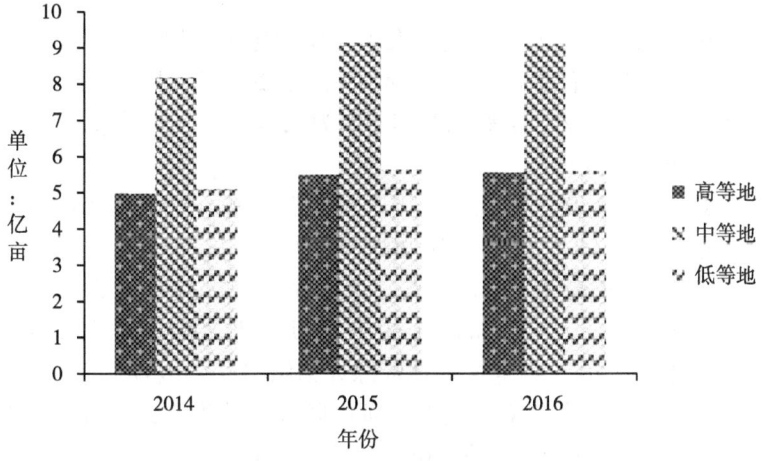

图 8-1　全国耕地质量变化

数据来源：全国耕地质量等别更新评价主要数据成果。

---

① 耕地质量等级评定依据《耕地质量等级》（GB/T 33469—2016），划分为十个等级，一等地耕地质量最好，十等地耕地质量最差。一等至三等、四等至六等、七等至十等分别划分为高等地、中等地、低等地。

农业用水效率不断提高。全国万元农林牧渔业增加值用水量由 2004 年的 1674.72 立方米减少到 2017 年的 582.49 立方米，降低 65.22%。农田灌溉水有效利用系数由 2011 年的 0.51 提高到 2017 年的 0.548，提高 7.45%（图 8-2）。

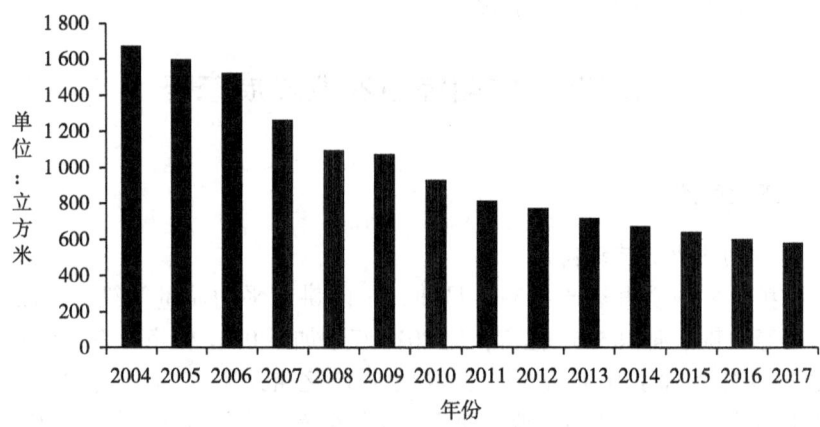

图 8-2　全国万元农林牧渔业增加值用水量变化

数据来源：根据《中国统计年鉴》数据整理。

2. 产地环境更加清洁

2017 年全国水稻、玉米和小麦三大粮食作物化肥利用率为 37.8%，比 2013 年提高 7.8 个百分点；农药利用率为 38.8%，比 2013 年提高 3.8 个百分点。畜禽粪污综合利用率为 64%。秸秆综合利用率为 82% 左右（周清波等，2018）。

3. 生态系统更加稳定

森林覆盖率稳步提高。第八次全国森林资源清查（2009—2013 年）结果显示，全国森林面积 2.08 亿公顷，比 2004 年增加了 0.33 亿公顷；森林覆盖率 21.63%，比 2004 年提高 3.4 个百分点；森林蓄积 151.37 亿立方米，比 2004 年增加 26.81 亿立方米；人工林面积 0.69 亿公顷，比 2004 年增加 0.16 亿公顷。根据联合国粮农组织 2015 年全球森林资源评估结果，中国森林面积和森林蓄积分别位居世界第 5 位和第 6 位，人工林面积居世界首位。2017 年全国造林总面积 768.07 万公顷，比 2004 年增加 208.26 万公顷（图 8-3）。

湿地保护面积不断增加。根据第二次全国湿地资源调查结果，全国湿地总面积 5 360.26 万公顷，湿地面积占国土面积的比率（即湿地率）为 5.58%，其中，受保护湿地面积 2 324.32 万公顷。与第一次调查比较，受保护湿地面积增加了 525.94 万公顷，湿地保护率由 30.49% 提高到 43.51%。2011—2016 年，我国新增湿地保护面积 180 万公顷。截至 2017 年底，国家湿地公园总数达到 898 处。

草原综合植被盖度逐步增长。截至 2017 年底，全国有草原近 4 亿公顷，约

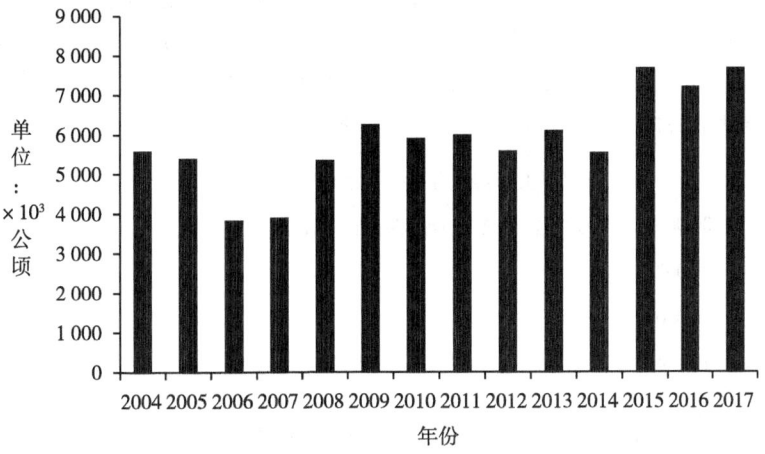

图 8-3　全国造林总面积变化

数据来源：根据《中国统计年鉴》数据整理。

占国土面积的 41.7%，是全国面积最大的陆地生态系统和生态安全屏障。2017年全国草原综合植被盖度 55.3%，比 2015 年提高 1.3 个百分点；全国天然草原鲜草产量 106 491.18 万吨，比 2010 年增加 9.07%；载畜能力 25 814.22 万羊单位，比 2010 年增加 7.50%（图 8-4）。

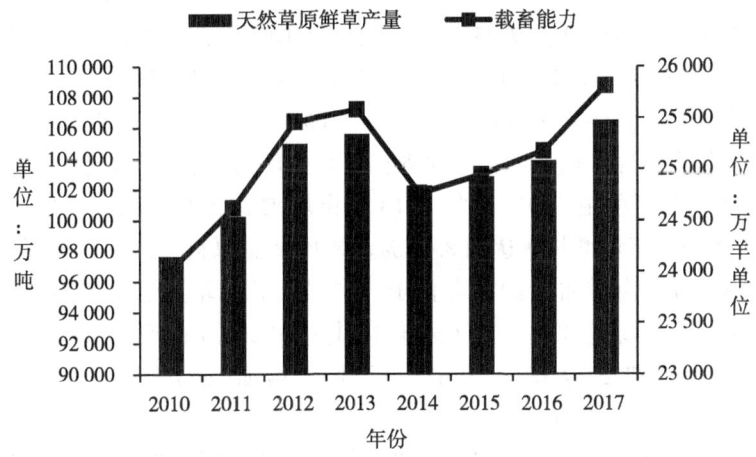

图 8-4　全国天然草原鲜草产量和载畜能力变化

数据来源：根据《中国环境状况公报》整理。

4. 绿色供给能力明显提升

（1）绿色农产品供给能力明显增强。有效使用绿色食品标志的单位总数和产品总数快速增加。1997年,全国有效使用绿色食品标志的单位总数和产品总数仅544家和892个,到2017年,单位总数和产品总数分别增加到10 895家和25 746个。1997—2017年,全国有效使用绿色食品标志的单位总数和产品总数年均增长率分别达到16.17%和18.31%(图8-5)。

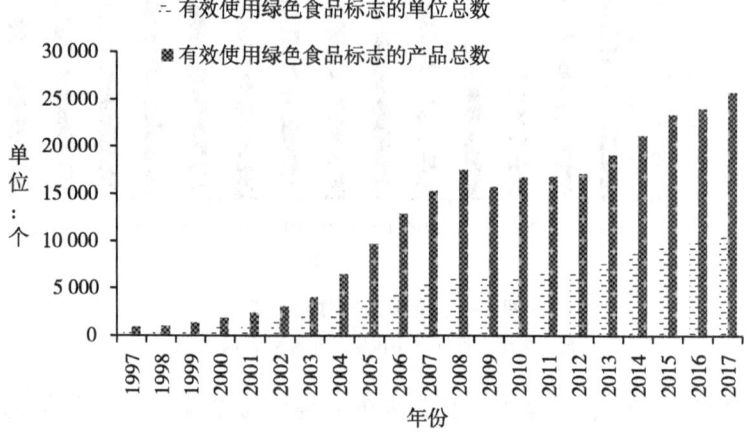

图8-5 全国有效使用绿色食品标志的单位总数和产品总数变化
数据来源:根据《绿色食品统计年报》数据整理。

绿色食品国内销售额和出口额快速增加。1997年,全国绿色食品国内销售额仅240.5亿元、出口额仅7 050万美元;到2017年,全国绿色食品国内销售额增加到4 034亿元、出口额增加到25.45亿美元。1997—2017年,全国绿色食品国内销售额和出口额的平均增速达到15.14%和19.64%(图8-6)。

绿色食品产地环境监测面积、原料标准化生产面积和产量稳步扩大。绿色食品产地环境监测面积由1997年的3 213万亩增加到2017年的15 162.24万亩,增加了3.72倍,年均增长率达到8.07%。绿色食品原料标准化生产基地面积由2005年的3 230万亩增加到2017年的16 387.4万亩,增加了4.07倍,年均增长率达到14.49%。绿色食品原料标准化生产基地的农产品产量由2009年5 717.6万吨激增到2017年的10 673.2万吨,增加1.87倍,年均增长率达到8.11%(图8-7,图8-8)。

(2)休闲农业与乡村旅游加快发展。休闲农业是现代农业的新型产业形态、现代旅游的新型消费业形态,是农林牧渔等多领域新的增长点。休闲农业与乡村旅游的发展是农业生态服务价值的重要体现。近年来,我国休闲农业与乡村旅游蓬勃发展,规模逐年扩大,功能日益拓展,模式丰富多样,呈现出良好的发展态势。2012—2017年,我国休闲农业与乡村旅游人数迅速增加,由2012年的7.2

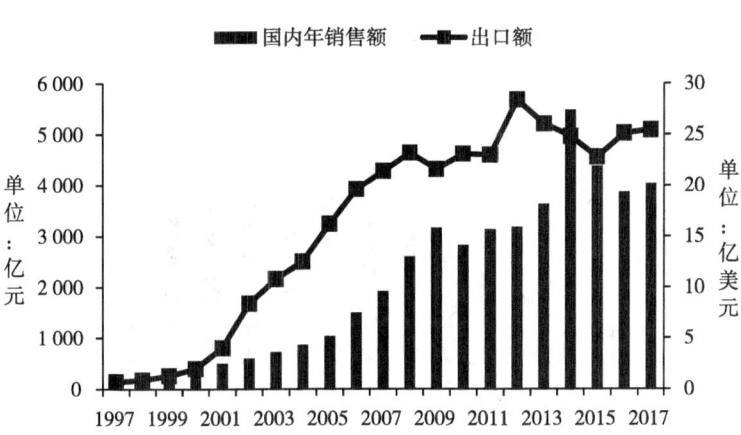

图8-6 绿色食品国内销售额和出口额变化情况

数据来源：根据《绿色食品统计年报》数据整理。

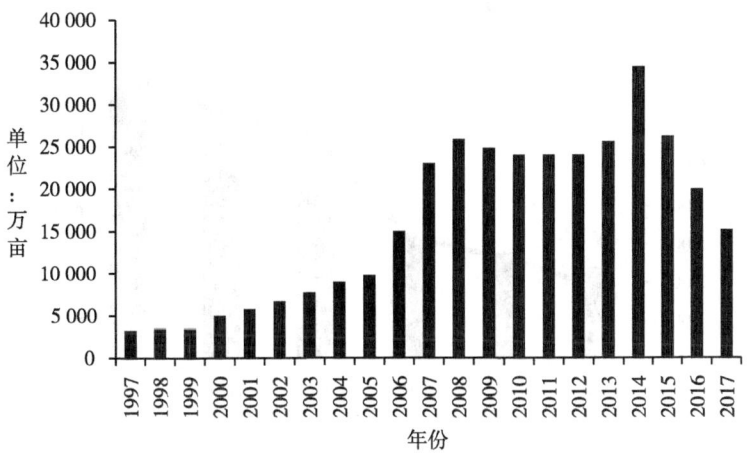

图8-7 全国绿色食品产地环境监测面积变化

数据来源：根据《绿色食品统计年报》数据整理。

亿人次增加到2017年的28亿人次，年均复合增长率高达31.2%。与此同时，休闲农业与乡村旅游营业收入也由2012年的2 400亿元增加到2017年的7 400亿元，年均复合增长率达到25.3%（图8-9）。

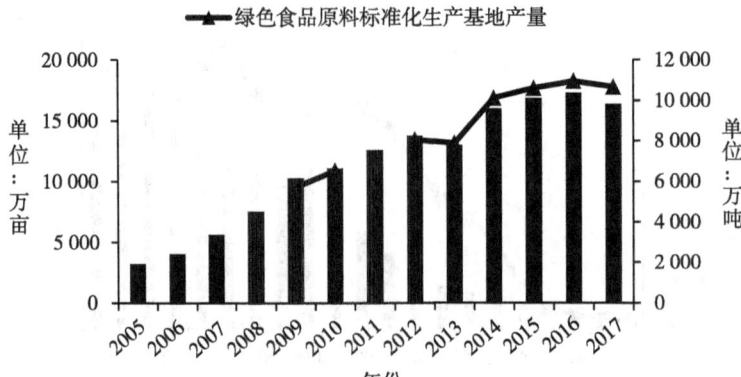

图 8-8　全国绿色食品原料标准化基地面积和产量变化
数据来源：根据《绿色食品统计年报》数据整理。

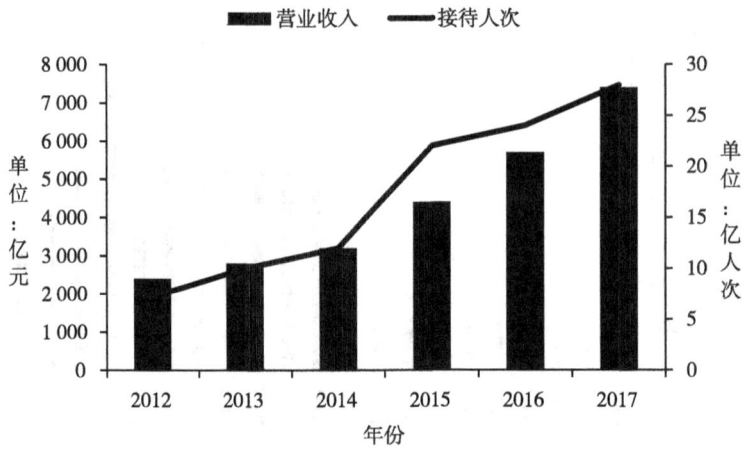

图 8-9　2012—2017 年我国休闲农业与乡村旅游年接待人次与营业收入统计
数据来源：根据前瞻产业研究院数据整理。

二、管理体制

1. 管理体系

我国最早的绿色农业管理机构是成立于 1992 年的中国绿色食品发展中心，并沿袭至今。该中心与农业农村部绿色食品办公室合署办公，是负责绿色食品标志许可、有机农产品认证、农产品地理标志登记保护、协调指导地方无公害农产品认证工作的"三品一标"专门机构,同时负责农产品品质规格、营养功能评价鉴定,协调指导名优农产品品牌培育、认定和推广等工作。中心下设体系标准处、审核评价处、标识管理处、地理标志处、品牌发展处、基地建设处、国际合作与信息处、有机中心等职能部门。同时,地方积极组建相关工作机构。截至目前,共有36个绿色食品省级工作机构、36个有机食品省级工作机构、72个无公害农产品省级工作机构和61个农产品地理标志省级工作机构①。此外,还设立了相关定点监测机构。截至目前,共有绿色食品定点检测机构84个、北京中绿华夏有机食品认证中心产品委托检测机构37个、全国无公害农产品定点检测机构157个、农产品地理标志定点检测机构102个②。

为了促进我国绿色食品事业的发展,1995年成立了中国绿色食品协会。设有绿色食品生产资料专业委员会、有机农业专业委员会、农产品地理标志专业委员会、基础理论专业委员会、市场流通专业委员会和寒地黑土物产专业委员会等六个分支机构。该协会是全国先进社会组织。协会秘书处挂靠中国绿色食品发展中心(图8-10)。

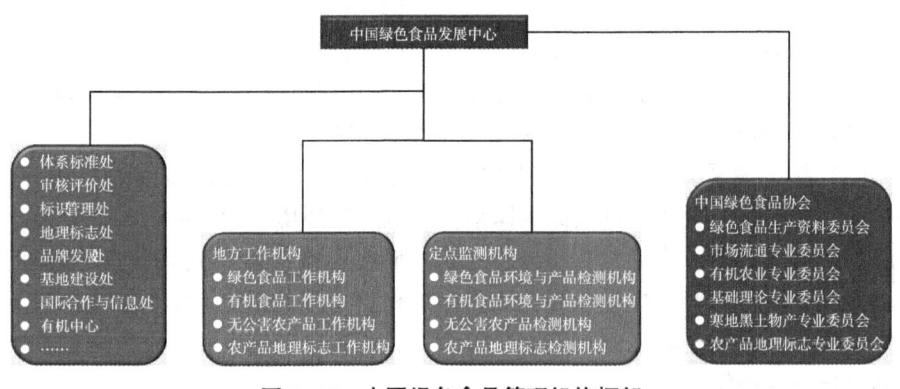

图8-10 中国绿色食品管理机构框架

至此,我国已形成一个由官方和民间组成的,相对完善的自上而下、覆盖全国、涵盖"三品一标"认证、产地监测、品牌培育等领域的绿色食品管理体系。

自2015年以来,农业绿色发展上升为国家顶层设计发展战略,绿色农业的内涵和外延不断拓展,涉及农业生产、农村生活、资源生态等多个领域,涵盖种植业、畜牧业、渔业、耕地、森林、草原、湿地、水域等各个方面,相关管理机构齐头并举,基本形成了以农业农村部为主导,自然资源部、生态环境部、水利

---

① 绿色食品、有机食品、无公害农产品和农产品地理标志工作机构有交叉和重叠。
② 绿色食品、有机食品、无公害农产品和农产品地理标志定点检测机构有交叉和重叠。

部等部委高度参与的绿色农业管理体系。

2. 制度标准体系

(1) 法律法规。为了加强农业资源与环境保护、农业投入与支持保护,确保农业生产过程与农产品质量安全,经过多年努力,我国已初步建立以法律、行政法规、部门规章和其他规范性文件组成的绿色农业管理制度体系。

相关的法律主要有《土壤污染防治法》(2018年)、《防沙治沙法》(2018年修正)、《水法》(2016年修正)、《种子法》(2015年修正)、《畜牧法》(2015年修正)、草原法》(2013年修正)、《渔业法》(2013年修正)、《农业法》(2012年修正)、《水土保持法》(2010年修正)、《水污染防治法》(2008年修正)、《森林法》(2009年修正)、《食品安全法》(2009年)、《土地管理法》(2004年修正)等。

相关的条例主要有《兽药管理条例》(2016年修正)、《农药管理条例》(2017年修正)、《农田水利条例》(2016年)、《畜禽规模养殖污染防治条例》(2013年)、《饲料和饲料添加剂管理条例》(2011年修正)、《乳品质量安全监督管理条例》(2008年)、《基本农田保护条例》(1998年)等。

相关的部门规章主要有《肥料登记管理办法》《农作物种子质量检验机构考核管理办法》《农作物种子生产经营许可管理办法》《饲料质量安全管理规范》《兽药生产质量管理规范》《农产品质量安全检测机构考核办法》等。

(2) 标准体系。我国历来重视农业标准体系建设,经过多年探索和完善,基本建立起农产品生产全过程标准体系,涵盖产地环境、投入品、生产规范、产品质量、安全限量、检测方法、包装标识、储存运输等从田间到餐桌的各环节,初步形成了国家标准、行业标准、地方标准和企业标准四位一体、梯次推进的标准体系框架,在指导和规范农业生产行为、提升农业绿色发展水平方面发挥了积极的引导和促进作用。

具体来看,针对产业环境,制定了标准40余项;针对投入品,制定了有机肥、微生物复合肥料标准等,以及农药生物试验准则等农药风险评估技术标准260余项;针对生产规范,制定了有机肥、微生物复合肥料标准等过程控制技术规范200余项;针对产品质量,制定了大宗粮食作物、优势特色果蔬、畜禽等产品标准1 500多项;针对安全限量和检测方法,制定了农兽药残留限量值及相关检测方法标准6 000多项;针对大动植物疫病防治,针对禽流感、口蹄疫等制定了动植物疫病测报和诊治标准近400项;针对农业生态安全,制定种质资源相关标准110项,配套制定了外来生物入侵防控、防治标靶生物田间药效试验、天敌饲养、转基因生物安全评价与检测等标准200余项(万靓军,2018)。

三、政策支持框架

近年来，中国全面推进农业绿色发展体制机制创新，加快建立农业资源环境生态监测预警体系，逐步健全以绿色生态为导向的农业补贴制度和生态补偿机制，不断完善评价考核奖惩制度，农业绿色发展的内生动力全面激活。

1. 健全农业资源环境生态监测预警制度

一是加快农业生态红线划定。农业生态作为生态空间的重要组成部分，在国家生态安全战略实施过程中日益受到重视，中国明确了以红线形式实施农业资源生态管理政策，提出了"坚守耕地红线""划定永久基本农田红线""实施水资源红线管理、确立水资源开发利用控制红线"等具体要求。目前，确定的耕地红线为 18.65 亿亩。全国永久基本农田落地到户各项任务总体完成，全国实际划定永久基本农田 15.50 亿亩。全国有划定任务的 2 887 个县级行政区全部落到实地地块、明确保护责任、补齐标志界桩、建成信息表册、实现上图入库，划定成果 100%通过省级验收，成果数据库 100%通过质检复核。

二是建立农业资源台账制度。自 2016 年以来，中国加快重要农业资源台账制度建设，相关工作取得阶段性成果。截至目前，已初步形成了重要农业资源台账制度框架，构建了台账指标体系，研制了台账标准规范，研发了台账管理平台，制定了台账运行管理制度，将为健全底数清晰的重要农业资源监测体系提供重要基础支撑。

三是完善农业监测预警体系。经过多年发展，我国农业监测预警在体系构建、技术创新中取得了重要进展，农业自然灾害预警、病虫害疫情防治、自然资源监测、农业环境监测、农业生产过程精准管理、农产品市场信息采集等技术体系日臻完善，中国农产品监测预警系统、农情监测系统、在线会商系统平台等逐步健全。

2. 优化绿色发展导向农业补贴政策

近年来，中央和地方从农业资源养护、农业结构调整、绿色高效推广、资源高效利用、农业清洁生产等制约农业可持续发展的重点领域、关键环节入手，加快完善相关农业补贴和生态补偿政策，积极探索建立以绿色生态为导向的农业补贴制度（周清波等，2019）。

一是绿色发展理念贯穿政策设计与实施全过程。在中央财政支农转移支付"大专项+任务清单"改革中，将绿色发展作为各个项目任务清单和绩效评价指标体系的重要内容，并明确规定耕地地力保护补贴、草原禁牧和草畜平衡补助资金、耕地轮作休耕试点等约束性指标任务补助资金不得统筹使用。

二是不断加大农业资源养护补贴政策支持力度。在耕地资源养护方面，继土壤有机质提升补贴项目（后改为耕地保护与质量提升项目）后，农业"三项补贴"合并为农业支持保护补贴，重点鼓励耕地质量保护和地力提升；在东北冷凉区、北方农牧交错区、地下水漏斗区、重金属污染区和生态严重退化地区开展轮作休耕试点，促进耕地休养生息；启动实施东北黑土地保护利用试点。

在渔业资源养护方面，在流域性大江大湖、界江界河、资源退化严重海域等重点水域开展水生生物增殖放流，并继续实施沿海渔民减船转业和海洋牧场建设；探索建立长江流域重点水域禁捕补偿制度，支持长江流域生物保护区开展禁捕试点。

在草原生态保护方面，继退牧还草工程和第一轮草原生态保护补助奖励政策后，于2016年启动实施新一轮草原生态保护补助奖励政策，覆盖面积扩大，补助标准提高，草原生态持续改善。

在森林资源保护方面，在实施天然林资源保护工程、退耕还林还草工程、京津风沙源治理工程、三北及长江流域等重点防护林体系建设工程的基础上，建立了中央森林生态效益补偿基金，森林资源得到持续养护。

在湿地资源保护方面，实施了湿地保护补助政策、湿地生态效益补偿试点、退耕还湿试点和湿地保护奖励试点等，湿地保护长效扶持机制初步建立。

在水资源保护方面，在新安江流域启动全国首个跨省流域生态补偿机制试点；以黑龙港流域为重点开展地下水超采综合治理试点，探索建立水资源保护长效机制。

三是积极创设农业面源污染治理与废弃物综合利用支持政策。开展测土配方施肥指导服务和化肥减量增效示范试点，实施果菜茶有机肥替代化肥行动，鼓励和支持农民科学施肥，提高肥料使用效率，加快实现化肥使用量零增长。开展农作物病虫专业化统防统治与绿色防控融合试点和低毒生物农药示范补助试点，加快低毒低残留农药推广应用和病虫综合防治、农药减量控害。支持西北、华北等干旱和半干旱地区推广以地膜覆盖为主的旱作农业技术，通过"以旧换新"方式推进残膜回收利用，同时开展废旧地膜回收整县推进试点，推进废旧地膜资源化利用。开展农作物秸秆禁烧和综合利用试点，坚持多元利用、农用优先，有效带动区域秸秆综合利用率整体提升。启动实施畜牧大县种养循环一体化和畜禽粪污资源化利用整县试点，推动规模化养殖场粪污就地就近资源化利用。

四是继续加强农业结构调整与绿色高效推广支持政策。在"镰刀弯"地区和黄淮海玉米主产区实施粮改饲试点，在东北冷凉区和北方农牧交错区开展粮豆轮作试点，初步构建起建种养结合、粮草兼顾的新型农牧业结构，深入推动农业种植结构调整。支持一批重点县开展粮棉油糖和园艺作物（水果、蔬菜、茶叶）绿色高产高效创建，示范推广绿色高产高效技术模式，增加绿色优质农产品供给。在东北、黄淮海等适宜地区开展农机深翻（深耕）作业补助，促进秸秆还田和黑土地保护。对深松整地、节水灌溉、秸秆还田离田等用于绿色发展的农机具全面实行敞开补贴，增加符合绿色生态导向的补贴机具品目，剔除技术相对落后的部分机具品目。

第三节 中国绿色农业发展试验示范

自 2016 年以来，中国相继实施了农业绿色发展五大行动、国家农业可持续发展试验示范区（农业绿色发展先行区）创建等一系列试验示范工程，创新了一批农业可持续发展集成技术，形成了一批适宜不同类型特点的农业可持续发展模式，构建了一批良性运行的农业可持续发展机制，为全面推进农业可持续发展提供了可复制、可推广的经验和样板。

一、农业绿色发展五大行动

为加快推进农业供给侧结构性改革，增强农业可持续发展能力，提高农业发展的质量效益和竞争力，农业农村部于 2017 年启动实施畜禽粪污资源化利用行动、果菜茶有机肥替代化肥行动、东北地区秸秆处理行动、农膜回收行动和以长江为重点的水生生物保护行动等农业绿色发展五大行动，着力解决现阶段农业绿色发展面临的突出问题和短板。

1. 畜禽粪污资源化利用

湖南省长沙县干杉镇佳和农牧种养示范基地按照"种养平衡、就地消纳"的原则，把 7 个生猪养殖场零星分散在 1 520 亩的生态园中。固体粪污经发酵腐熟后作为苗木、果蔬的基肥或追肥；液体粪污经固液分离后，污水进行沼气发酵。沼气用作基地生产生活燃气，沼液通过管网采用喷灌、滴灌或淋灌的方式定期施用于草地、菜地、林地。通过打通种养循环，养殖所弃物变成种植所用，成功把生猪养殖场打造成风景宜人的生态农庄。

2. 果菜茶有机肥替代化肥

江苏省常州市金坛区是全国名优绿茶重点产区，省级茶叶标准化生产示范区，现有茶园面积 4.1 万亩。同时，作为家禽养殖大县，畜禽粪便年产量约为 41.6 万吨。现产能 10 万吨以上大型有机肥生产企业 2 家。2017 年以来，金坛区在薛埠镇（茶园面积占金坛区 99%）建立茶园有机肥替代化肥示范基地（园区），建成核心示范区 8 个、总面积达 6 500 亩，探索集成了"有机肥+配方肥""有机肥+水肥一体化"、肥料机械深施、茶园秸秆覆盖、茶园套种绿肥等技术模式，推广茶叶专用有机肥 1 万吨，新增水肥一体技术应用面积 1 700 亩，构建了一套茶园绿色施肥体系。茶叶核心示范区有机肥施用增加超六成，化肥亩均施用量减少近30%，土壤有机质含量提高约5%，有效提高了茶叶产量、提升了茶叶品质。

3. 东北地区秸秆处理

黑龙江省海伦市以打造国家秸秆综合利用样板县为契机，积极探索实践，确定了"以燃料化、肥料化为主，饲料化、基料化、原料化为辅，'五化'协同推进"的秸秆综合利用工作思路，不断提升秸秆综合利用能力和水平。探索"小单体大产业"模式，在乡镇以5~10千米为运输半径建设秸秆压块站，形成单项个体小、整体产业规模大的产业格局，有效解决了秸秆运距长、含水大和收集时间短等问题，推进了秸秆燃料化体系建设。探索"农户+企业+养殖基地"利用模式，通过有机鲜食玉米种植、秸秆青贮、畜禽养殖、粪便沤肥还田，初步构建起秸秆肥料化利用体系。推进肥料化利用，配套机车和液压翻转犁等机械，推广秸秆翻埋还田、碎混还田、免耕覆盖还田和沤肥技术，直接还田55万亩，沤肥还田3万亩，肥料化利用秸秆总量达到49万吨。推进饲料化利用，利用秸秆资源优势，大力发展节粮型草食畜牧业，推广秸秆青贮饲料技术，饲料化利用秸秆达到24万吨。

4. 农膜回收

甘肃省以中东部旱作农业区和河西灌溉农业区为重点区域，以玉米、马铃薯、蔬菜为重点作物，以高标准地膜应用、机械化捡拾、专业化回收、资源化利用为主攻方向，完善扶持政策，加强试点示范，强化科技支撑，创新回收机制，防控地膜残留污染，提升废旧农膜资源化利用水平，促进农业绿色发展。一是出台地方性法规、规范性文件、地膜生产地方标准等，不断完善全省农膜使用及回收利用的政策体系，从源头上防控"白色污染"。二是大力扶持建设了一批基本覆盖全省主要用膜地区的废旧农膜回收利用企业和乡村回收网点，形成了企业加工利用、回收网点收集、商贩流动收购、农民捡拾交售的市场化回收利用机制。三是积极研发"一膜多年用"技术，成功研制生产出接近欧盟农业覆盖材料标准的高强度耐候环保地膜，完全满足机械化覆膜作业、机械卷膜回收的要求，回收性能更好，更有利于回收再利用。

5. 长江水生生物保护

湖北省率先在长江、汉江实施了禁渔期制度，随后陆续扩大至多条支流，以及湖泊、大中型水库，目前基本覆盖了省内重要天然水域。每年组织开展上百次增殖放流活动，近5年共放流经济鱼类近60亿尾，珍稀物种超150万尾。2017年开始湖北长江新螺段白鱀豚国家级自然保护区、长江湖北宜昌中华鲟保护区等83个保护区实现全面禁捕。通过连续多年实施禁渔期制度、增殖放流、濒危物种拯救和迁地保护等一系列举措，湖北省有效保护了长江水生生物资源，维护了长江渔业生态。

二、国家农业可持续发展试验示范区（农业绿色发展先行区）

为探索符合我国不同区域特征的农业可持续发展模式，从2016年起组织开展国家农业可持续发展试验示范区建设工作。国家农业可持续发展试验示范区是国家推进农业可持续发展的综合性试验示范平台，是农业绿色发展的先行区。截至2018年底，共创建和认定了40个国家农业可持续发展试验示范区，形成了一批可复制、可推广的循环农业模式，基本实现区域农业资源循环利用。

1. 浙江省国家农业可持续发展试验示范区

浙江省是首个也是目前唯一整省推进的国家农业可持续发展试验示范区，同时也是首批农业绿色发展试点先行区。

一是大力发展高效精品农业。2010年，浙江在全国率先启动粮食生产功能区和现代农业园区建设，累计建成粮食生产功能区和现代农业园区819万亩和516.5万亩，粮食生产功能区粮食单产和现代农业园区亩均产值分别比区域外提高7%和30%以上。2017年以来，以粮食生产功能区和现代农业园区为基础，围绕一二三产业融合、农业可持续发展和农业全产业链建设，以主导产业和特色农产品为重点，着力打造"两园一镇一链"，即深度融合的现代农业园区、集产业科技创业功能于一体的农业可持续发展示范园、特色农业强镇，以及年产值在10亿元上的省级示范性全产业链。

二是不断创新生态循环模式。以全国现代生态循环农业试点省、海洋渔业可持续发展试点省、畜牧业绿色发展示范省等建设为抓手，加强农业面源污染治理和农业资源节约利用，确立了"一控两减三基本"的农业绿色发展技术体系。积极开展"打造整洁田园、建设美丽农业"行动，按照环境承载能力和清洁生态美丽要求，加大美丽牧场和生态牧场建设力度，基本构建了"主体小循环、园区中循环、县域大循环"三级生态农业循环格局。农药化肥自2013年起就实现"零增长"，规模畜禽养殖场排泄物、农作物秸秆、农村清洁能源综合利用率分别达到97%、92%和76.8%，死亡动物无害化处理实现全覆盖。

三是稳步推进农旅融合发展。以生态环境改善和一二三产业深度融合为契机，积极培育"农业+旅游"新业态，休闲农业和乡村旅游蓬勃发展。全省休闲农业年接待游客约2亿人次，休闲观光农业总产值近300亿元。

2. 四川省荣县国家农业可持续发展示范区

一是坚持"粮经复合、种养循环、产业融合"，农业可持续发展格局初步形成。推广菜稻轮作模式，建成"玉米套大豆-蔬菜""玉米套辣椒-蔬菜""菜-稻-菜"的粮经融合模式示范区20万亩，实现一亩地"千斤粮、万元钱"，单位土地产出效益不断提升。推广养殖场（小区）和特色种植业配套建设模式，大力发展畜-沼-菜（果、茶、粮、桑）循环农业，探索"稻-鱼""稻-虾""稻-蛙"等稻田综合种养模式，畜禽粪污资源化利用率和土地综合利用率不断提高（潘兴扬，2019）。大力推广"农业+工业+旅游业"发展模式，打造"龙都香茗"等地方品牌，实现"产品变商品"；创建"玉章故里·漫画小镇"AAAA级乡村旅游精品景区，建成集文化创意、景观创意、体验创意于一体的"山王茶旅"综合园区5个，推出"乐德红土地"农旅精品线路13条，实现"农产品变纪念品"。

二是坚持主体互动，现代经营水平不断提升。推广"大园区小业主"等产业发展模式，完善生产链工作机制，通过"公司+专合社（协会）+农户（家庭农场、种植大户）"模式，采取土地单因素参股、"土地+劳务"双因素参股、土地流转、订单生产等方式，创新"保息分红"、二次返利、底价回购等利益联结机制，重点建设基础条件较好、发展后劲强的产业可持续发展示范村10个，将"示范"做成"标杆"，带动全县其他村共同发展。探索建立培训、认证、准入、退养的新型职业农民制度，积极推进小农户和现代农业发展有机衔接。

三是坚持措施联动，绿色发展基础不断夯实。集成推广畜禽智能化成套养殖、畜禽粪污"两分离、三配套、零排放"综合治理和综合智慧测报、配方施肥、绿色防控、肥水一体化栽培技术，实现畜禽生产性能提升5.6%、畜禽养殖粪污综合利用率达80%以上、农产品质量安全合格率高达99%。构建集"信息查询服务、业务系统监控、基础数据采集交换、技术服务"为一体的绿色智慧农业发展服务中心，通过"政府指导+企业自主经营"模式，对农产品出产全过程进行质量监管和服务，形成"生产可记录、信息可查询、流向可跟踪、责任可追究"的农产品质量安全追溯体系。

3. 河南省平顶山市国家农业可持续发展示范区

2016年以来，平顶山市以建设国家农业可持续发展试验示范区暨农业绿色发展试点先行区（简称"两区"）为载体，通过推进循环农业发展，农业废弃物无害化处理和资源化利用，两减施、两替代、两节约、两回收暨"4×2"绿色行动，净土行动和"百亩千头生态方"循环模式发展，不断提升农业绿色化、优质化、特色化、品牌化水平。

探索并推广了"农牧结合、就近利用""林牧结合、自然利用""协议消纳、异地利用""无害处理、集中利用""加工制肥、分散利用""就地还田、直接利用"等六种农业废弃物循环利用模式。目前，全市已建成年处理30万头病死猪无害化处理厂1座和覆盖全市的病死畜禽收集处理体系；已建成5条有机肥生产线，产能达30万吨以上；全市循环发展企业达到150家，流转消纳粪污用地达到35万亩。

探索创新"百亩田、千头猪"种养结合生态循环发展模式。采用农牧结合的方式，综合考虑生猪粪便排泄量与土地消纳能力，以200亩耕地为单元，建设一座占地约2亩、每批出栏1 000头猪的生猪养殖生产线。养殖污粪浇灌大田，作物也可以反作用于养殖业，秸秆通过科学处理可变成燃料进而为猪圈供应温水、为大棚增温。该模式不仅解决了养殖业用地难题，拓展了畜牧业发展空间；而且千头猪的养殖模式每年产生粪污2 000立方米，除去一年浇灌两次麦田，剩余的污粪还能够改良土壤，提升了农产品品质，提高了农业产出效益。

4. 吉林省舒兰市国家农业可持续发展示范区

舒兰市始终秉持"绿水青山就是金山银山"的发展理念，坚持以"绿色、生态、高效、规范"为目标，大力推广绿色生产模式，不断拓宽传统农业提升新路径。在粮食主产区建立种养结合基地，推广"稻鱼、稻鸭、稻蟹"立体种养和"养殖场+种植基地"循环种养两种种养结合绿色生产新模式。在蔬菜瓜果主产区推广"高效农业+采摘""精品农业+观光"等绿色生产新模式。在林特资源丰富地区推广"农业旅游+康养""特色养殖+旅游""特色栽培+采摘"等三种多业复合绿色生产新模式。新模式带动新发展，在实现化肥农药施用量零增长的同时，舒兰市品牌农业也快速发展起来，绿色有机农畜产品品牌达到140余个，以中国地理标志认证产品、中国驰名商标"舒兰大米"为代表的一批绿色农产品走向全国，实现了生态效益、经济效益、社会效益共同提升。

全面推广饲草料种植技术、青（黄）贮技术、秸秆揉丝微拉技术，青（黄）贮玉米秸秆、秸秆微贮总量达到2.5万吨，秸秆综合利用率达到45%以上。在全市东西中3个区域，建成年产万吨以上的有机肥生产加工厂5个，全部投产后计划年转化量为24万吨/年，年畜禽粪便资源化利用率达到70.2%，病死畜禽无害化处理率达到100%，以废弃物综合利用为关键点的畜牧业循环经济产业链基本形成。

5. 甘肃省高台县国家农业可持续发展示范区

近年来，高台县积极转变发展方式，抓生产、调结构、促转型，助推现代农业升级，实现"绿色崛起"。

全面优化产业结构。科学合理划定粮食生产功能区和重要农产品生产保护区，形成以蔬菜、制种、草畜为主的三大优势主导产业和以特色林果、番茄、食用菌、小杂粮等为主特色产业。加大农田基础设施力度，建设高标准农田4.2万亩。加强耕地保护，划定永久基本农田46.6万亩。大力发展草食畜牧业，全县畜禽饲养总量达341万头只，产业结构趋于优化。

加强农业面源污染治理。加强秸秆回收利用，依托有机肥生产企业，通过

"补助秸秆回收企业、农户交售秸秆置换有机肥"的方式，集中回收秸秆生产有机肥，全县农作物秸秆利用率达90%（王学文，2018）。加强尾菜处理，积极探索尾菜饲料化、沼气化、肥料化利用。加强废旧农膜回收利用，通过"以旧换新"方式，带动全县废旧农膜回收率达到81%以上。加强畜禽粪污资源化利用，通过种养结合，实现畜禽粪污就近还田，全县规模养殖场粪污还田面积达11.68万亩。

强化水资源保护利用。推广高效农田节水技术35.35万亩，全县农田灌溉水有效利用系数提高到0.571。全面推行"河长制"和"水票制"供水，农业用水量下降10%，水资源保护利用更加高效。

推进农业标准化建设。大力推广节本降耗、绿色增产、智慧农业等技术模式，建成标准化生产示范基地13个，农产品质量安全追溯点13个，农业标准化水平不断提高。

第四节 APEC成员体绿色农业发展实践

一、美国

美国农业生产历来重视农业资源与环境保护，采取了一系列积极措施，确保农业可持续发展。

1. 农业资源环境保护立法政策

在土地资源保护方面，早在1936年就制定了《土壤保护和国内配额法》，明确提出将土壤保护和调整农业结构结合起来。1956年通过的《土地法》，提出了土地银行计划，具体实施耕地面积储备计划和土壤保护储备计划。1985年颁布的《土壤保护法》明确要求实行退耕还林、休耕还林的政策。此外，还有《土壤侵蚀法》《联邦土地和管理法》等法律（许标文等，2019）。

在水资源保护方面，先后出台了《水质法》（1965年）、《有毒物质控制法》（1976年）、《农村清洁水计划修正法案》（1977年）、《清洁水法》《灌溉法》《水法》等，其中，《清洁水法》制定了150多种污染物排放标准，提出了"最大日负荷量计划"水污染控制模式。

在农业投入品减量控害方面，1947年颁布了《联邦杀虫剂、杀菌剂、杀虫剂法》，规定了杀虫剂登记和标签制度。1954年、1958年，相继通过了3个补充规定，明确限制了杀虫剂在农业初级产品中的允许残留量。1972年的《联邦环境杀虫剂控制法》，将杀虫剂分为通用类和限制类，规定实施杀虫剂许可制度。此外，还有《农药登记改进法案》《资源保护和回收法》《多重利用、持续产出法》《森林、牧场可更新资源规划法》等。

除了专门性的法律外,美国还通过了《全国环境保护法》(1970年)、《有机农业法》(1983年)、《有机食品生产法》(1990年)、《农村安全及农村投资法》《食品、农业、资源保护与贸易法》《食品、资源保护与能源法》等综合性法案,以立法形式强化对生态环境和农业资源的保护支持。

2. 绿色农业补贴政策

美国农业资源和和环境保护项目主要包括农用地保护类、休耕类、农用地开发权限制类、技术援助类等4大类(李靖等,2017)。其中,农用地保护类项目,如环境质量改进项目、保护强化项目,是对耕地、草地、林地等农用地资源实施保护;休耕类项目,如保护储备项目,是在环境敏感、生态脆的区域,退出农业生产,并提高保护性植被覆盖度,以保护土壤、水、空气以及野生动植物资源;农用地开发权限制类项目是通过与土地使用者签订合约,严格管控土地用途,限制农用地转变为非农用地,以保护农田、野生动植物栖息地等;技术援助类项目是开展农业资源调查,向农业从业者提供资源环境保护等方面的技术性援助,破解其改善和保护自然资源的技术瓶颈。

同时,加大以环境收益最大化为导向的绿色补贴政策支持力度。一是设立生态环境保护专项基金,用于绿色农业经营中对资源保护的补贴,鼓励农业从业者在生产环节保护生态环境,以促进绿色农业产业的发展。二是将农业保险补贴与环境保护遵从条款相挂钩,即农业保险补贴的发放,以是否遵从环境保护条款为前提,引导农业生产者按照有利于资源节约和环境保护的绿色发展方式发展农业(张芯、张术环,2011)。三是在绿色农业产业链的下游环节免费提供农产品销售支持服务,实施"社区支持农业"等政策,通过直销模式,使生产者和消费者直接对接,减少绿色农产品流通环节,加快绿色农产品流通速度,提高绿色农产品附加值(石英剑、郝玉萍,2015)。

3. 其他

在耕地保护方面,大力推广作物轮作、残茬还田、精准农业等绿色农业技术,促进耕地的节约利用和保护。在水资源管理方面,推出排污权交易、水质交易等市场工具,促进水资源的质量管控和节约利用。在畜禽粪污资源化利用方面,强调种养平衡,实施综合养分管理计划,要求每个畜禽养殖场必须配套足够数量的种植基地,以消纳畜禽粪污,同时加强周边水质监测,以此促进粪污无害化处理及循环利用。

二、澳大利亚

澳大利亚国土面积辽阔,农业资源丰富,是世界上人均占有农业资源最多的国家之一，也是世界主要的农产品出口国之一。澳大利亚政府一直非常重视农业生态资源与环境保护，澳大利亚的农业生产，在提供健康、安全农产品的同时，不断建立和恢复农业生态系统的生物多样性和良性循环，以实现农业可持续发展。其中，有机农业发展迅速，在世界有机农业中占有重要地位。

1. 有机农业发展现状

国际有机联盟（IFOAM）的数据显示，澳大利亚是世界上认证有机种植面积最大的国家，2016年有机农地面积2 740万公顷，约占全球有机农地面积的47.4%，占国土面积的6.76%；有机企业数量超过3 700家，比2015年增加5%。

2. 有机农业发展政策

（1）有机产品认证。1990年，澳大利亚成立了隶属于检验检疫局的有机农产品咨询委员会（2003年更名为澳大利亚有机产业出口咨询委员会），主要负责国家有机和生物动力学农产品标准制定，以及指导有机认证机构开展相关认证工作（谢玉梅、浦徐进，2014）。目前，澳大利亚有6家国家认可的认证机构，全面负责全澳有机认证工作，这些认证机构必须接受政府的定期评估和例行检查。即认证机构按照国家标准和法律法规对申请有机认证的企业或产品进行评估，并对符合有机标准要求的企业或产品颁发证书；政府每年对认证机构进行检查，确保认证机构的认证能力和工作有效性。

（2）有机农业法律法规和相关标准。目前，澳大利亚支持有机农业的立法框架主要是《出口控制法案》，该法案明确要求通过行政管理来规范有机食品的第三方认证，同时要求将有机行业纳入国家标准的框架下。《政府认可导则》则对有机农业生产做出了相应规定。在有机农业标准方面，1991年，澳大利亚农业部制定了《有机和生物动力学农产品国家标准》，为有机农业生产、加工、运输、标识和进口提供了监管框架，在2015年修订后，该标准更加关注资源节约和环境保护、可再生能源利用等问题。此外，一些认证机构依据国家标准和认证业务范围的需要建立自己的认证标准，并获得了国际有机联盟的认可。

（3）有机农业支持性政策。2007年，澳大利亚有机种植户联盟成立，主要为小农场主提供有机生产培训和有机认证成本补贴，旨在引导农户从传统农业生产转向有机农业生产（谢玉梅、浦徐进，2014）。澳大利亚国家可持续农业协会、澳大利亚生物农场主联盟等有机农业行业组织监管小农场主有机种植、生产和销售。同时，澳大利亚政府积极拓展中国、印度、巴西、俄罗斯等海外市场，以提高有机农业生产者市场份额和经营收入，消除其价格溢价劣势，确保有机农产品优质优价销售（尚禹，2018）。

三、日本

日本是较早关注农业可持续发展问题的国家之一,其绿色农业发展大致经历了五个阶段:20世纪50年代到60年代的化肥和农药减量型农业,20世纪60年代后期到70年代的废弃物再生利用型农业,20世纪80年代的稻作生态农业模式,20世纪90年代的有机农业模式和21世纪以来的"美多丽"生态农业模式(尉郁、杨平宇,2018)。截至2016年,发展环境保全型农业的农户数量达到22.7万户,约占日本农户总量的9%。其中,生态农户的数量由1999年的13户增加到2016年的15.47万户。2011—2015年,环境保全型农业的实施面积大幅度增加,如市町村实施面积从1.70万公顷增加到5.77万公顷。

自20世纪50年代以来,日本政府着力完善相关法律法规、财政支持与技术推广、资格认证与监督、协助开拓市场等,积极推动农业可持续发展。

1. 完善法律法规

先后颁布和修改了《农药取缔法》(1955年)、《肥料管理法》(1957年)、《土壤污染防治法》《可持续农业法》(1999年)、《环境基本法》(1993年)、《环境保全型农业推进宪章》(1997年)、《食物农业农村基本法》(1999年)、《循环性社会形成推进基本法》(2000年)、《农林物资规格化相关法律》(2001年)、《生态农业推广法》(2001年)、《有机农业推进法》(2006年)、《关于促进农业发挥多样性功能的相关法律》(2015年)等专门性和综合性法律法规(马健、韩星焕,2017)。通过法律法规的形式将资源环境保护与农业生产结合起来,规范绿色农业发展。

2. 财政支持与技术推广

在财政支持方面,对发展绿色农业的农户,可以获得最长12年的无息贷款。对于绿色农业发展所需的基础设施建设,提供一半以上财政资金支持,建成投产后可根据实际生产状况享受减免部分税收的优惠。筹建了政策性金融机构,对发展绿色农业产业的企业提供长达20~30年的长期信贷资金,政府财政予以贷款贴息支持。

在技术研发方面,注重土壤和耕作技术改良,逐渐形成了土壤复壮技术、化肥减量技术和农药减量技术三大环境保全型农业技术体系。在技术推广方面,形成了包括农林水产省、日本农协、大学及相关科研机构、农户、消费者在内的"产、官、学、消"四位一体的协同运作机制,在农资配送、技术指导、市场开发、产品销售等方面构筑一体化为农服务体系。

3. 资格认证与监督

日本已形成层次分明的农产品认证体系,其中,JAS是农林水产省颁发的最严格的农产品认证资格（秦柄涛，2015）。日本于 2001 年颁布《农林物资规格化相关法律》（简称 JAS 法），正式实施农产品标识制度，并于 2002 年、2006 年、2009 年 3 次修改 JAS 法，规范了农产品认证的标识制度。目前，日本农产品认证采取委托-监督的认证体制，即具体认证业务由农林水产省委托的 66 家国内机构和 21 家海外机构共 87 个代理机构执行，农林水产省则主要进行审核和监督。

4. 协助开拓市场

日本政府高度重视绿色农产品的市场开拓工作。一是通过政府采购体系，确保公立学校、政府机关食堂成为绿色农产品的稳定消费者。二是政府组织召开农业生产者、农产品加工企业、超市卖场等销售企业的见面洽谈会，组建生产、加工、销售一体化网络。三是开设绿色农产品直销市场，为绿色农产品提供销售场所。四是加强绿色农产品宣传推广，各大农产品市场定期举行产品推荐会，协助开拓市场。

第五节 绿色农业展望

一、绿色农业发展面临的机遇与挑战

1. 绿色需求为绿色农业发展提供强大动力

随着经济社会持续发展，居民消费偏好由注重量的满足转向质的追求，对绿色农产品的需求激增，全球绿色农产品市场迅速扩大。与此同时，农业农村发展由过度依赖资源消耗向追求绿色生态可持续转变。不断扩大的绿色需求倒逼农业生产方式转变，加快绿色生产力发展，绿色农业成为必然选择。

2. 绿色农业发展逐渐成为全球共识

2015 年 9 月，联合国发展峰会通过了《改变我们的世界：2030 年可持续发展议程》，从消除贫困和饥饿到应对气候变化和维护全球自然资源，农业可持续发展成为 2030 年议程的核心重点，此后，各国积极推动绿色农业发展。APEC 一直关注"农业可持续发展"，尤其是自 2017 年 APEC 越南年后，各成员体积极行动，翻开了绿色农业发展的新篇章。

3. 绿色农业发展所需的科技支撑日益强劲

当前，优秀传统农耕技艺继承发展，国际间农业科技创新合作不断拓展，现代生物技术、新材料、互联网+、大数据在农业领域的应用不断加深，数字农业、智慧农业等模式不断集成，农业面源污染源头控制、农业节水灌溉、有机栽培、农业废弃物资源化利用等技术不断创新，为绿色农业发展奠定了坚实的

基础。

二、绿色农业发展的趋势判断与未来展望

1. 绿色农业技术与装备研发

随着绿色农业发展，对增产增效、资源节约、环境友好型技术装备的需求将增大，未来农业科技创新的重点主要集中在五个领域：一是绿色投入，如现代生物育种、环保高效肥料、高效低毒低残留生物农药等；二是绿色生产，如化肥农药减施增效综合技术、畜禽重大疫病防控与高效安全养殖综合技术、新型可降解地膜、智能农机装备、农田精量控制灌溉技术与装备、农业节水绿色环保新型材料与制剂、秸秆和畜禽粪便综合利用技术等；三是绿色产后增值，如农产品低碳减污加工贮运技术、智能化精深加工技术；四是绿色资源养护，如农业面源污染和重金属污染农田综合防治与修复技术、水生生态保护修复技术等；五是绿色农业信息化，如农业个性化云服务技术、农业大数据可视化技术、农业物联网组网技术等。

2. 绿色农业生态服务价值提升

农业具有生态功能，是指农业各要素本身是构成生态环境的主体因子，对生态环境的支撑和改善具有重要作用。绿色农业一个重要特征就是要突出农业的生态功能，以保护生物多样性和经济社会可持续发展。未来，绿色农业的发展，将着力改善田园、草原、森林、湿地、水域生态系统，确保生态资源总量不断增加，农业环境质量不断提升。同时，依托生态优势资源，加快休闲、观光、体验、度假等农业生活功能的建设，不断提升农业生态服务价值。

3. 绿色农业全球化合作加深

当前世界农业发展面临诸多挑战，人口持续增长、气候变化、自然资源枯竭等问题不容忽视。发展绿色农业，既能为全球 70 亿人口提供充足优质的农产品，又能确保生态环境持续改善，是世界农业发展的必然选择，需要世界各国共同参与和努力。为促进绿色农业全球化发展，需要搭建合作平台，形成科学联盟，强化农业科技创新共建，共享农业发展经验，以推动各国之间的交流合作，共同应对全球农业面临的问题与挑战，确保人类社会可持续发展。

三、APEC 绿色农业合作发展倡议

近年来，全球农业发展格局深度调整，气候变化对农业生产的影响不断加深，农业资源环境约束日益趋紧，全球粮食安全问题依然严峻，农产品市场供求结构显著变化，农业持续增长动力不足，世界各国农业发展面临着新的问题与挑战，亟待通过开展农业合作，发展绿色农业，共同促进农业可持续发展（农业

农村部等，2017）。

"农业可持续发展"一直是 APEC 论坛的重要议题，是 APEC 领域合作的重点。在后金融危机时代，APEC 各成员体需积极开展战略对接，共同构建合作框架，完善合作机制，为发展绿色农业搭建平台，通过发挥比较优势，共同推动形成全球农业发展新格局，推动世界农业持续健康发展。

改革开放四十年来，中国农业农村发展取得了举世瞩目的成就，为世界粮食安全做出了重大贡献。进入新时代，中国牢固树立绿色发展理念，加快推进农业供给侧结构性改革，着力转变农业发展方式，绿色农业发展取得显著成效。农业主体功能与空间布局不断优化，与资源环境承载力相匹配、生产生活生态相协调的农业发展新格局正在逐步形成；农业资源保护与节约利用不断推进，支撑农业农村可持续发展的资源基础逐步夯实；农业生态系统养护与修复不断提升，山水林田湖草生命共同体逐渐形成；农业绿色发展试验示范不断推进，农业绿色生产技术和生产模式日臻成熟。中国愿与 APEC 成员体分享中国经验，在绿色农业发展中贡献中国智慧，为全球农业可持续发展做出更大贡献。

1. 框架思路

集聚各国农业发展优势，共商、共建、共享绿色发展理念，积极落实 2030 年可持续发展议程粮农目标，建立"APEC 绿色农业高层论坛"，成立"APEC 绿色农业联盟"，拓宽亚太地区绿色农业合作大通道，携手走产出高效、产品安全、资源节约、环境友好的农业现代化道路，推动形成多方联动、双向开放的区域绿色农业发展新格局。

2. 合作重点

构建农业政策对话平台。健全 APEC 成员体间政府、科研院校、企业等不同层级农业政策交流机制，探索建立多层次农业政策对话平台，以加强政策沟通，共同制定推进绿色农业发展的战略规划和具体措施，协商解决绿色农业合作中的问题。

强化农业科技交流合作。结合各国需求并综合考虑国际农业科技合作总体布局，共建绿色农业技术试验示范基地，开展绿色投入、绿色生产、绿色产后增值、绿色资源养护等共同研发和成果示范，促进 APEC 成员体之间知识分享、技术转移、信息沟通和人员交流，提升 APEC 成员体绿色农业综合发展能力。

完善区域农业价值链。建立 APEC 农业生产、贸易、投融资与服务网络，发挥各成员体农业比较优势，加大农业基础设施和生产、加工、储运、流通等全产业链的合作共建，拓展和深化区域农业价值链，构建持续、稳定、安全的区域农产品供给和农业可持续发展保障体系。

3. 合作机制

加强政府间双边合作。充分发挥现有双边高层合作机制作用，开展多层次、多渠道沟通磋商，推动政府间签署绿色农业合作备忘录或编制绿色农业合作规划，推动双边绿色农业合作关系全面发展。

强化多边合作机制。深化与世界贸易组织、联合国粮农组织、国际农业发展基金、国际农业研究磋商组织等国际机构的交流与合作，探索利用全球涉农多边合作机制，积极营造开放包容、互利共赢的绿色农业区域合作环境。

发挥重大会议论坛平台作用。充分利用APEC领导人非正式会议、APEC粮食安全部长级会议、农业技术合作工作组、粮食安全政策伙伴关系论坛等，加强APEC成员体绿色农业合作交流，逐步建立绿色农业合作对话机制和信息共享平台。

共建绿色农业合作园区。围绕区域农业价值链建设，结合APEC成员体的意愿和基础条件，推动APEC成员体企业合作共建绿色农业产业园区或绿色农业合作示范区，加强种植、养殖、加工、物流、电子商务等基础设施建设，完善农业产业链条，打造区域产业集群，形成规模效应和范围经济，降低农业合作成本，构建亚太地区绿色农业合作的新载体和新样板，为全方位实现互联互通提供支撑。

4. 行动与未来

长期以来，中国政府积极适应农业国际化趋势，持续推进和扩大农业对外开放，主动融入农业全球化发展进程，与多个国家和地区建立了长期稳定的农业合作关系。亚太地区一直是中国开展农业国际合作的重点区域，与美国、加拿大、智利、秘鲁、澳大利亚、新西兰、韩国、俄罗斯等建立了农业合作联合委员会，与泰国、印度尼西亚、马来西亚、越南等签订了农业合作协议，在粮食安全、农业生物技术、动植物遗传育种、新品种保护、病虫害防治、农业技术推广等领域开展了富有成效的互利合作（于浩淼，2015）。

面向未来，中国将全面构建新型农业国际合作关系，继续积极参与亚太地区农业国际交流合作平台建设，创新绿色农业对外合作方式，大力推动APEC成员体绿色农业合作，积极落实2030年可持续发展议程，推动全球实现农业可持续发展。

主要参考文献

黄国勤，王海，石庆华，等 . 2008. 我国绿色农业的发展历程［J］. 江西农业学报，20（12）：157-160.

李靖，孙晓明，毛翔飞 . 2017. 美国农业资源和环境保护项目运行机制及对我国的借鉴［J］. 农业现代化研究，38（1）：138-144.

刘连馥.2005.绿色农业初探［M］.北京：中国财政经济出版社.
刘濛.2013.国外绿色农业发展及对中国的启示［J］.世界农业（1）：95-98,101.
刘子飞.2016.中国绿色农业发展历程、现状与预测［J］.改革与战略,32（12）：94-102.
马健,韩星焕.2017.日本协同推进环境保全型农业的举措及对我国的启示［J］.西北农林科技大学学报（社会科学版）,17（4）：99-105.
潘兴扬.2019.荣县绿色循环农业的转型探索［J］.当代县域经济（3）：30-33.
秦炳涛.2015.日本生态农业发展策略探析［J］.农业经济问题,36（6）：104-109.
尚禹.2018.美国和澳大利亚有机农业政策的比较研究及启示［J］.新疆农垦科技,41（5）：52-53.
石英剑,郝玉萍.2015.国外绿色农业发展政策及金融体系分析［J］.世界农业（12）：125-127.
万靓军.2018.关于健全完善农业绿色发展标准体系的几点思考［J］.农业部管理干部学院学报（2）：9-10.
王德胜.2016.绿色农业的发展现状与未来展望［J］.中国农业资源与区划,37（2）：226-230.
王学文.2018.高台县推进农业绿色发展情况及建议［J］.农业科技与信息（23）：69-70.
尉郁,杨平宇.2018.日本生态农业的新模式研究［J］.世界农业（5）：138-143.
魏琦,张斌,金书秦.2018.中国农业绿色发展指数构建及区域比较研究［J］.农业经济问题（11）：11-20.
谢玉梅,浦徐进.2014.澳大利亚有机农业发展及其启示［J］.农业经济问题,35（5）：105-109.
许标文,王海平,林国华.2019.欧美农业绿色发展政策工具的应用及其启示［J］.福建农林大学学报（哲学社会科学版）,22（1）：13-19.
严立冬,崔元锋.2009.绿色农业概念的经济学审视［J］.中国地质大学学报（社会科学版）,9（3）：40-43.
于浩淼.2015.中国与APEC主要经济体农业合作情况研究［J］.世界农业（4）：9-12.
张蕊,张术环.2011.美国绿色农业政策及其对中国发展低碳农业的启示［J］.世界农业,（7）：36-39.
赵大伟.2012.中国绿色农业发展的动力机制及制度变迁研究［J］.农业经济问题,33（11）：72-78,111.
中华人民共和国农业农村部.［2017-05-12］.共同推金"一带一路"建设农业合作的愿景与行动［N］.农民日报.
周清波,等.2018.中国农业绿色发展报告2018［M］.北京：中国农业出版社.
周清波,肖琴,罗其友.2019.中国农业绿色发展财政扶持政策创设研究［J］.农学学报,9（4）：7-12.

第九章 农业技术创新与合作

第一节 智慧农业（ATCWG）

信息通信技术的发展不断改变着农业领域信息的传播和获取途径，进而颠覆传统农业生产与经营方式。在农业资源日益匮乏和气候变化的大背景下，信息技术在农业领用的全方位应用——智慧农业作为农业现代化发展提供了一条全新的路径，在减缓贫困、实现粮食安全和农业可持续发展等方面发挥着越来越大的作用。2017年，《G20农业部长宣言》承认，信息通信技术对于提高粮食链效率、生产力和农业可持续性、改进畜牧业实践以及在减缓和适应气候变化战略方面具有越来越大的潜力和重要性。

一、智慧农业的内涵、特征及发展历程

1. 内涵

智慧农业是信息技术在农业领域的全面应用，是物联网、大数据、云计算以及3S技术（遥感、地理信息系统和全球定位系统）以及无线通信技术等现代信息技术与农业技术全方位有机融合的产物，是在农业生产、加工、销售、消费全产业链实现智能控制、智能传感与监控以及智能分析与决策的新型产业模式。智慧农业在农业集约化生产、智能化远程控制、精细化调节、科学化管理、数字化分析等方面具有巨大的优势和潜力，有助于实现降低农业风险、提高农业生产率、改善食品质量、提高水、土地、肥料、能源等稀缺资源效率、增强农业的气候弹性以及粮食供应链透明度等多元目标。从广义上来讲，智慧农业应贯穿这个农业价值链，即除了农业生产之外，还应当包括农业电子商务、食品追溯防伪、农业信息服务等领域。

2. 特征

智慧农业以现代信息技术为基础。智慧农业将机器人、人工智能、遥感、大数据以及物联网等先进技术应用于农业生产领域，相互融合形成一个有机的技术体系。机器人和人工智能技术（AI），可以提高农业的机械化和自动化水平，在提高产量和收获效率的情况下，有效减少劳动力以及其他农资投入；利用遥感技

术实现农业生产的智能检测和控制和精准化管理,实现劳动力的节约,并为农业大数据提供了数据和信息来源;基于大数据和物联网的战略性农业生产体系可以实现农产品需求信息、物流信息以及生产信息的实施交互,有效提高生产与配送的合作,促进客户需求信息的分享,优化耕作方式、采摘时间并预测栽培风险。

智慧农业坚持农业可持续发展理念,有效改善农业生态环境与资源约束,具有巨大的生态效益。智慧农业强调农业生产与自然环境的有机平衡,是人类农业生产在面临日益严峻的资源与环境约束的情况下作出的现实选择,智慧农业有助于提高农业资源利用效率,降低农业对生态环境的负面影响,增强农业气候弹性,从而实现农业可持续发展与粮食安全。

智慧农业以提高农业生产效率和农产品质量为目标。智慧农业通过现代信息技术,实现农业价值链的智能感知、智能预警、智能分析、智能决策以及专家在线指导,从而实现农业的精准化种植、可视化管理和智能化决策量。

二、智慧农业在中国的发展现状

中国作为一个农业大国,智慧农业发展前景非常广阔。根据预测,到2020年,我国智慧农业的潜在市场规模有望达到268亿美元。我国智慧农业的发展主要经历了三个阶段。自20世纪80年代起,中国的智慧农业随着农业产业结构的变化,进入起步阶段。中国开始发展农业专家系统的研究,开始初步的农业信息化应用研究,主要涉及农作物栽培、病虫害防治、生产管理、节水灌溉等多个领域。20世纪90年代,中国智慧农业进入快速发展时期。其间,计算机视觉技术在农业生产中取得突破性发展,农业机器人技术成为智慧农业发展的主要方向。在2003年于瑞士日内瓦举行的世界信息峰会上,中国国家"863"计划信息领域多年来支持的"智能化农业信息技术应用示范工程("863"电脑农业)"获得世界信息峰会大奖,这一奖项的获得代表着中国利用信息技术改造传统农业,促进农村社会经济发展做出的巨大努力。进入21世纪以来,中国智慧农业规模化应用阶段。由于城市化进程的加快,我国农业劳动力不断向其他城市以及产业转移,农业劳动力的结构性短缺和老龄化问题日趋严峻,通过精准农业、大数据、云计算、物联网等新技术的大规模应用,提高了农业生产效率,改善了生态环境。

国家在政策层面对我国智慧农业的发展给予了极大的重视和政策扶持。以重视农村问题的中央一号文件为例,从该系列文件在2017年首次明确提出了智慧农业的概念,从其表述中可以看出,随着我国现代农业的发展,智慧农业的发展理念逐渐脱颖而出,其发展目标、重点以及发展路径不断完善和清晰。

第九章　农业技术创新与合作

表 9-1　2012—2019 年中央一号文件智慧农业相关表述

年份	目标	重点以及发展路径
2012 年	加快推动农业科技创新	依靠科技创新驱动，引领支撑现代农业建设，改善设施装备条件，不断夯实农业发展物质基础
2013 年	加快发展现代农业，进一步增强农村发展活力	确保货架粮食安全，加强科技创新，发展农机装备的研发
2014 年	全面深化农村改革	推进农业科技创新，建设以农业物联网和精准装备为重点的农业全程信息化和机械化技术体系
2015 年	加大改革创新力度	加快农业科技创新，在生物育种、智慧农业、农机装备、生态环保等领域取得重大突破，支持企业创新性发展
2016 年	加快农业现代化，实现全面小康目标	大力推进"互联网+"现代农业，大力发展智慧气象和农业遥感技术
2017 年	农业供给侧结构性改革	加快科技研发，实施智慧农业工程，推进农业物联网和农业装备智能化，发展智慧气象，提高气象灾害监测预警水平
2018 年	实施乡村振兴战略	大力发展数字农业，实施智慧农业林业水利工程，推进物联网试验示范和遥感技术应用
2019 年	坚持农业农村优先发展做好"三农"工作	加快突破农业关键核心技术。推动重型农机、智慧农业等领域自主创新。实施数字乡村战略。深入推进"互联网+农业"，扩大农业物联网示范应用。推进重要农产品全产业链大数据建设，加强国家数字农业农村系统建设

2016 年 10 月 17 日国务院印发的《全国农业现代化规划（2016—2020年）》将"智慧农业引领工程"列为创新强农重大工程。该规划提出，要大力推进种植业、畜禽养殖业、渔业生产等领域物联网转型，建设 10 个农业物联网应用示范省份、100 个农业物联网应用示范区、1 000 个农业物联网应用示范基地。到 2020 年，村级农业信息机构建设覆盖行政村。建设全球农业数据调查分析系统，转型升级国家农业数据中心。建设以卫星遥感、航空无人机、野外观测为一体的农业遥感应用研究中心。该项目由农业农村部、国家发改委牵头，工信部、财政部联合参与。

三、APEC 智慧农业发展典型案例

目前智慧农业在 APEC 区域的发展已经获得共识，众多信息通信技术已经在农业领域得到采用并发挥了积极的作用。在一些起步较早的国家，政策支持、技术研发、创新和技术应用已经开始大规模发展。目前，一些农业发达国家的智慧农业已达到世界领先水平。适合创新的现代农业发展模式也已形成，并日趋完善。准确的生产管理，节约人力物力，提高生产能力和质量也逐步实现。其中最具代表性的是以集约化、规划化和精准化为特征的美国模式以及以合作社、环保

型和可溯源为特征的日韩模式。

1. 美国

美国农业信息化建设始于20世纪50年代，是目前全球农业信息化程度最高的国家之一。20世纪80年代，美国最先提出"精确农业"的概念，为当今智慧农业的发展奠定了良好的基础。目前，美国利用物联网技术进行"智慧农业"生产，技术处于全球领先水平，同时还带动了农业产业链的新革命。其主要做法有：

首先，依靠农业物联网平台和大数据分析，实现农产品全生命周期和整个生产过程的数据共享和智能决策。

在美国中西部，物联网技术被广泛应用于玉米、大豆、甜菜等作物的种植。物联网的应用使农产品全生命周期数据共享成为可能，特别是从播种、灌溉、施肥、病虫害防治到预期的全生产过程。物联网的主要应用在农业生产调查和监测作物的土壤特性和生产率增长过程中（如光照强度、空气湿度、空气温度、二氧化碳浓度等），并使用遥感技术掌握作物的生长。在此条件下，肥料供应商可以得到最适合作物生长的肥料配方。因此，通过可变施肥技术，动态调整耕作过程中水肥等生产要素的投入量。

与此同时，销售超过50万美元的大型农场使用生产监视器，并使用GPS、农区地图、种植作物类型和植物种群信息，动态地将这些信息传输到软件系统中，然后在系统分析后做出判断。在收获作物之前，要形成一份产量报告，以确定合理的作物价格。相较于大型农场，销售额在25万美元以下的美国小型农场，其发展模式逐渐偏向于"植物工厂"。在家庭农场中，小型农场占比高达88%，伴随着物联网科技的不断进步，这种"植物工厂"的发展空间将更加广阔。

其次，在农业电子商务的帮助下，流通环节不断升级。

美国的农业流通模式很早就采用了电子商务技术，其模式也不断创新改造。为了提高农产品的寻源能力和价格竞争力，农产品电子商务和农业电子商务建立了从生产者到需求者的在线直销渠道。其中，农产品电子商务公司通过企业对企业（B2B）和企业对消费者（B2C）双积分模型对接种植和养殖的实体，而农业材料和B2B电子商务公司模式，对接种植、育种单位和农业材料，所以它已经从根本上改变了传统系统的农产品流通渠道。

随着农民在"智慧农业"生产中从生产者向经营者的转变，对农业原材料的需求正日益从简单的产品需求向综合服务需求转变。大规模农业资源整合进程加快，产业集中度进一步提高。

信息技术服务是信息化时代必不可少的部分，为了弥补之前单纯经营种子、化肥、农药的不足，2013年孟山都公司收购了天气保险公司，开始向农业大数据业务靠拢，构建了大型农业资源综合服务体系。通过天气保险公司的数据信息平台，为种子、化肥客户提供信息服务。预计这家气象保险公司的信息优势将带来 200 亿美元的收入。

农产品在线销售平台不断创新。2011 年，美国引入了"私人定制"的新概念。以 Farmigo 网站为例，它为每个"食品社区"创建了一个特殊的购物页面，这是农场和消费者之间的联系。通过它，农民管理农产品的生产、销售和分销。通过它，消费者可以直接从农场购买高品质的新鲜农产品，使农场和消费者受益，实现"双赢"。

2013 年，数字用户线（DSL）利用率为 6.0%，信息化水平为 89.6%。美国农场推动农业电子商务进入了更高的发展阶段。更有价值的是，农民和农产品经销商需要了解国内外农产品市场变化的宏观和微观信息，根据价格和市场变化来指导农产品的品种和数量，确保"智慧农业"生产的正确方向。因此，美国的农业经营主体已经将其经营范围扩展到世界各国。

最后，有强大的技术和政策来支持它。

在农业数据采集和储备方面，美国是以政府为主体的，他们建设了规模和影响力较大的涉农信息数据中心，对美国和国际有关的大量的农业数据资源，进行全面采集、整理、保存。美国有 100 多个信息收集办公室，每天进行汇总分析，发布美国各类农业数据资源；很多农业基础数据是开放资源，行业间壁垒较低，加上农民对技术服务的迫切需求，尤其是基于大数据决策支持的需求，使得大数据公司发展势头持续向好，大量涉农的信息化企业蓬勃发展，这些企业对政府公开发布的农业大数据进行分析、预测并以此向农业生产者提供用于生产管理和精细化耕作的信息。

AGRI-COLA、AGRIS、Preview 等强大数据库及物联网技术等为美国"智慧农业"及其产业链条的发展提供了优越的科研资源和技术条件。1966—2014 年，美国出台了六项有关农业信息化的法律、法规和发展规划，为"智慧农业"及其产业链的发展提供了良好的政策环境和财政支持。

2. 日本

日本的农业市场信息服务系统主要由两部分组成，一部分市市场销售信息服务系统，该系统由"农产品中央批发市场联合会"主办。目前，日本已实现 82 个农产品国内批发市场信息，564 个区域批发市场的销售额，以及各类农产品的实时在线发布。生产者和销售者能从网上查出各种农产品精确到千克的销售量的日度、月度、年度数据。另一部分是各种农产品的生产数量和价格行情预测系统，这是由"日本农协"自主统计发布的，由全国 1 800 个"综合农业组合"组成。通过这两个系统，每个农民都可以掌握准确的市场信息，了解国内乃至国际市场上最畅销的产品、价格情况以及每种产品的生产状况。在此基础上，调整其生产品种和生产方式，达到清晰、有序的生产状态。

日本非常重视私营部门在提供市场信息方面发挥的作用。各地农产品批发市场是专门从事农产品批发业务的法人。政府还制定了严格的法律规范批发市场的正常运行。根据法律规定，批发市场有义务及时在互联网上公布各类农产品的日常销售情况和价格。市场信息发布工作越及时，交易量越大。因此，日本农产品信息发布及时、准确、全面，对农业的全面发展起到了有效的指导作用。早在1994年底，日本就建立了400多个农业网络，农业计算机普及率达到93%。20世纪90年代，日本建立了电信电话公司的时间管理系统（DRESS），这是一个全国性的农业技术信息服务网络。该系统使用大型电子计算机在全国范围内收集、处理、存储和传输农业技术信息。日本的每个县都设立了服装分中心，进行实时的信息采集和交流。

农业科技信息网络系统在过去的两年里，在公共电话网络的帮助下，私人通信网络、无线寻呼网络、大容量处理计算机和大型数据库系统、网络系统、气象信息系统、温室无人管理系统、高效的农业生产管理系统、个人电脑用户等都有关。政府公务员、科研推广公务员、农业协会和农民可以随时访问和使用互联网上的各种数据。这些数据包括农业技术、文献摘要、市场信息、害虫状况和预报、天气状况和预报、世界或国家或县地图、电子报纸、视听节目和实用程序。

与此同时，日本政府高度重视农村计算机的发展。日本农民购买微型计算机可以获得一定的补贴。鉴于日本大部分农业人口年龄在65岁以上，日本为老年人开发了一个特殊的界面，并提供了各种培训课程。除了教授农民的农业技术，它还提供农业技术培训课程。政府派出的卡车司机还承担着微型计算机的教学任务，促进了农村计算机的发展和应用。

四、APEC智慧农业发展的主要障碍及未来展望

2016年，联合国粮农组织全球粮食安全与营养论坛（FSN论坛）举办了题为"亚太经合组织成员体及其他地区信息技术在农业领域的应用——智慧农业在减贫和粮食安全方面的潜力"的在线研讨会，探讨了信息通信技术以何种方式促进减贫和提高粮食安全，以及全面应用信息技术促进农业发展所面临的具体挑战和瓶颈问题，并交流了各成员体的实际情况和案例。

当前，APEC区域智慧农业发展面临的主要困难和瓶颈在于，首先，部分成员体缺乏必要的基础设施，如急需在可靠的电力和通讯网络进行投资。其次，现有技术适用性差、使用成本较高。亚太地区拥有众多小规模农户，在有限的资金获取渠道下，现有技术对于他们来说可能过于昂贵，或者没有考虑其生产的实际

条件，造成技术推广难度的增加。最后，农业生产者现有知识水平难以消化吸收新技术，包括由于性别差距、社会习俗阻碍了妇女利用信息技术的可能。另外，智慧农业本身还存在一些潜在缺陷有待解决，比如网络安全和数据保护、劳动力替代与再教育、数字鸿沟以及多集中在私营部门的风险。智慧农业的发展需要决策者、发展伙伴、联合国系统、公共和私营部门、研究和学术界之间更加广泛的交流和密切的合作，以应对数字转型给农业和农村系统带来的机遇与挑战。

第二节　农业生物技术创新与合作（HLPDAB）

一、亚太地区农业生物技术的发展现状

农业生物技术是一种革命性的工具，已被证明有助于提高农业部门的生产力，减少饥饿和营养不良，并能够减少农业生产对环境的影响。农业生物技术通过改变技术采用者的农业产量、生产成本和种植体系，改变了全球农产品市场的供给和价格水平。根据美国密苏里大学 Nicholas Kalaitzandonakes 的研究成果显示，生物技术应用以来大豆、玉米、小麦、高粱和大米的价格都有不同程度的下降，2013 年玉米和大豆价格跌幅最大，分别达到 10% 和 9%。

根据 ATCWG 的统计，亚太地区种植了近 8 800 万公顷的改良农产品。根据国际农业生物技术应用服务组织近日发布的最新《全球生物技术/转基因作物商业化发展态势》年度报告：2017 年亚太地区转基因作物的种植面积占全球的 10%，比 2016 年增加了 3.34%。其中，亚太地区种植转基因作物面积最大的国家是印度，其次是巴基斯坦、中国、澳大利亚、菲律宾、缅甸、越南和孟加拉国。

如何更好地促进生物技术进步以促进粮食安全和贸易是秘鲁皮乌拉粮食安全高官会的核心议题之一，鼓励在制定监管框架、促进技术转让、鼓励投资，以及增强公众对生物技术的信心几个方面进行努力与合作。2018 年 8 月 1 日至 3 日，亚太经合组织农业生物技术高层政策对话（High Level Policy Dialogue on Agricultural Biotechnology，HLPDAB）在澳大利亚布里斯班召开，来自 18 个成员体的近 100 位代表出席了会议。此次会议就农业生物技术的监管合作和基因组编辑技术两个方面进行了深入的交流和探讨。

二、基因组编辑技术

在农业生物技术领域，基因组编辑技术成为当前重要发展方向之一，主要包括：利用基因编辑技术促进动植物增产，增加营养、改进口感，提高抗病性，增加水肥利用率，提高饲料转化率，动物健康等。在 2018 年的 HLPDAB 的基因组

编辑技术在作物和动物育种中的应用的议题中,科迪华(Corteva)农业公司的改善玉米糯性、国际水稻研究所的抗白叶枯病水稻、Genus 公司的抗猪繁殖与呼吸综合征(PRRS)基因编辑猪、加州大学戴维斯分校的基因组编辑牛等作为基因编辑技术在农业领域应用的案例进行了介绍和推广。

基因组编辑技术的快速发展和应用对全球的政策监管带来的新的挑战,也连续成为 2017 年、2018 年 HLPDAB 的热点议题之一,各成员体争论的焦点在于,是否将基因组编辑技术视为转基因技术而受现行转基因/生物技术法规的监管。以美国为例,其基因编辑技术作物产品适用于生物产品的现行法律,未制定新的法律监管法规。根据其法规,若新育种技术生产的产品在研发过程中未使用植物有害生物作为供体或载体,且该产品本身不是植物有害生物,那么美国农业部将不会对其进行监管,而对基因编辑动物的监管政策与转基因动物一样属于药品,需要被监管。

三、农业生物技术的安全评价与监管政策

农业生物技术创新需要更加透明、科学和有效的监管框架,增进对新的农业和植物育种技术的了解,促进信息共享,分享技术创新的最佳实践。APEC 的相关工作组和论坛的项目旨在寻求各成员体分享其建立生物安全条例的,加强成员体之间的合作,同时加强决策者和监管者的科学知识。另外,有效的科学交流也为增加公众对生物技术信心提供了重要的助力。

在 2017 年的 HLPDAB 上,针对转基因产品低水平混杂(LowLevel Presence,LLP)的安全评估和监管合作成为重要议题之一。近年来,随着转基因作物商业化的推广,由 LLP 事件引起的贸易摩擦日益增加,对进出口国的贸易和产业发展均产生的不同程度的影响,因此需要考虑各成员体的实际情况,对 LLP 政策进行更加全面的风险评估。

四、农业生物技术领域的公私合作(PPP)

农业生物技术公私合作(Public Private Partnership,PPP)是 HLPDAB 关注的重要议题之一。各成员体的实践证明,私营部门在农业技术研发以及新技术商业化推广过程中能够发挥重要的作用,公司伙伴可以有效克服部门局限,产生可持续发展的成果。

第三节　农业技术合作

亚太经合组织农业技术合作工作组(ATCWG),是推动 APEC 农业技术领域

合作与创新的重要平台。2018年8月7日，在亚太经合组织粮食安全周期间，亚太经合组织农业技术合作工作组（ATCWG）会议在巴布亚新几内亚莫尔斯比港举行。在这次会议上，ATCWG工作组通过了年度工作计划，审议了农业科技创新的重要性，以及工作组在促进地区和全球粮食安全方面的作用。ATCWG提出了2015—2019年APEC农业技术合作的如下战略目标：一是通过增加使用科学和制度创新的新工具来改善农业生产和分配；二是通过教育和培训加强农业人力资源和机构资源能力建设；三是改善环境和自然资源管理，发展与食品安全有关的基础设施；四是加强农业信息系统的分析和利用；五是提高对自然灾害和跨境疾病的防范能力。

2018年，ATCWG实施一系列举措以响应亚太经合组织的优先事项，促进可持续和包容性增长、加强粮食安全和应对气候变化的可持续农业，改进本区域农业技术信息共享与合作，加强农业技术交流与能力建设。具体研究项目包括：中国组织实施的有关城乡一体化发展战略与政策选择、电子商务在扶贫中的机制构建和经验分享、促进科技创新合作提高粮食产业链附加值与可持续发展领域的研究；日本、墨西哥和新西兰在气候智能型水稻种植项目以及中国台北举办的亚太经合组织多年粮食损失与浪费项目总结会议。

主要参考文献

李永权.2018.延边地区美丽乡村建设问题研究［D］.延吉：延边大学.
林婷.2018.乡村振兴战略下福建茶产业的综合生态发展研究［J］.福建茶叶，40（10）：81.
欧阳曦.2017.东亚小农经济的发展路径——以我国为例［J］.经贸实践（8）：133.
王先位.2018.浅谈美丽乡村建设的路径选择［J］.农村经济与科技，29（22）：201，206.
夏树刚.［2018-03-28］.党建引领 乡村处处好容颜［N］.威海日报，（3）.
杨玲.2005.国内外城乡一体化理论探讨与思考［J］.生产力研究（9）：23-26.
姚忠伟.2018.无锡农村改革40年的探索与启示［J］.江南论坛（12）：27-29.
张红娟，杨振华.2019."田园综合体"模式对乡村旅游发展的借鉴与思考——以陕西袁家村为例［J］.杨凌职业技术学院学报，18（1）：31-34.
赵杰.2018.海南美丽乡村建设中的社会主义核心价值观宣传教育研究［D］.海口：海南大学.
赵林.2018.曹妃甸区美丽乡村建设研究［D］.秦皇岛：河北科技师范学院.

附件

亚太经合组织第五届粮食安全部长会议

2019 年 8 月 23 日，智利巴拉斯港

建设可持续智慧型一体化粮食系统

序言

1. 我们，亚太经合组织负责粮食安全的部长，于 2019 年 8 月 23 日至 24 日相聚智利巴拉斯港，在智利农业部长安东尼奥·沃克先生的主持下，就支持亚太地区粮食安全交换意见并确定合作领域。我们欢迎粮农组织、经济合作与发展组织和泛美农业合作协会的代表参加本次会议。

2. 在"联通人民，建设未来"的大主题下，认识到 2019 年智利亚太经合组织会议的主要议题有"可持续增长""数字化社会""一体化 4.0"以及"女性、中小型经营主体和包容性增长"等，我们致力于解决与粮食安全相关的关键问题，通过明确共同的优先重点，合作制定实施更加完善的政策，建设可持续智慧型一体化粮食系统。

3. 在粮食安全方面，亚太地区面临重大挑战。我们必须设法为快速增长的全球人口提供获取充足、安全、营养和优质食品的经济途径。而且，以小农和小规模渔民为主的数以百万计农村人口尤其是女性的生计依赖于粮食生产和与粮食有关的经济活动所带来的就业与收入。

4. 此外，粮食系统与环境之间相互作用。我们认识到农业、水产养殖和渔业等生产部门的发展日益受到全球变化的影响，包括气候条件不断变化，自然灾害持续增多，土地、土壤和海洋生境退化，淡水资源短缺，生物多样性丧失，新型病虫害出现等。

5. 我们寻求智慧型解决方案，这对于同时实现提高生产力、可持续性、包容性和抵御能力等互补性目标非常关键。

构建可持续的粮食系统

6. 为确保粮食系统可以在保障长期粮食安全的同时有效适应全球变化，我们鼓励制定和实施与亚太经合组织 2020 年粮食安全路线图和联合国 2030 年可持续发展议程的精神相一致的农业、水产养殖业和渔业综合政策。这将有助于提高生产力，减少粮食损失和浪费，确保对水资源、陆地和海洋生态系统、生物多样

性以及自然资源的保护和可持续利用，并促进社会福利。

7. 鉴于农业生产与天气条件息息相关，提高粮食系统对气候多变性的抵御能力是我们的优先重点。我们认识到，农业在提供全球挑战解决方案中能够发挥积极作用。减少粮食损失和浪费也可以成为适应和减缓气候变化的手段，在新的气候形势下降低粮食安全风险。我们支持加强区域合作，从而创造有利条件，应对全球气候条件变化带来的挑战，利用全球气候条件变化带来的机遇。

8. 我们强调，对水资源的高效利用和可持续管理以及完善的水资源政策事关整个粮食系统的经济效益、社会包容性和环境可持续性。我们强调，在这些领域分享最佳实践十分重要。

9. 我们认识到，预防和减少粮食损失和浪费是一项持续影响亚太经合组织地区粮食安全和环境可持续性的多维挑战。我们强调，各利益相关方应共同努力，加大在整个食品链的政策力度。我们支持亚太经合组织加强如下合作：生成信息和完善措施；加强与各利益相关方之间的伙伴关系；鼓励研发和创新，包括信息通信技术；提高意识，加强能力建设；制定完善的政策，以防止和减少粮食损失和浪费。

10. 我们认识到水产品消费的重要性。亚太经合组织地区人均动物蛋白摄入量约22%来自水产品。因此，我们强调保护海洋环境和确保渔业和水产养殖资源可持续利用的重要性。我们呼吁根据2019年亚太经合组织贸易部长会议达成的共识继续采取行动，解决某些形式的渔业补贴问题，并打击非法、未报告和无管制捕鱼。此类渔业补贴与捕鱼活动破坏生计，威胁粮食安全，阻碍可持续发展。我们欢迎《亚太经合组织打击非法、未报告和无管制捕鱼路线图》。

11. 我们认识到，包括海洋塑料污染在内的海洋废弃物是一项跨学科的全球挑战，对海洋环境、沿海生计、粮食安全和可持续增长的不利影响与日俱增。我们敦促各经济体团结合作，实施并推广相关措施，对海洋废弃物进行预防和管理，包括创新的、可持续的废弃物管理体系以及可持续的农业、水产养殖和渔业实践。我们欢迎《亚太经合组织海洋废弃物路线图》，以支持亚太经合组织粮食安全目标。

拥抱创新、新兴技术和数字化机遇

12. 创新、新兴技术和数字化是农业、渔业和水产养殖食品部门生产力可持续增长的引擎，将对解决我们目前的许多挑战至关重要。我们鼓励各国官员将创新作为优先事项，与各利益相关方开展有效的协调，着重推动新技术的开发和合理应用。

13. 我们鼓励各成员经济体建立并维护透明的、基于科学的法规框架，分享信息和经验。

14. 我们承认农业"数字化"影响着农产品在食品价值链不同环节上的生产、加工和流通方式。在这个日新月异的背景下，我们敦促亚太经合组织深化合作和对话，在推广技术应用、人力资本面临的挑战和机遇、因地制宜制定政策等方面制定共同对策，以可持续和包容的方式有效利用数字化转型带来的机遇。

增进伙伴关系，提升粮食价值链和贸易

15. 包括小规模农户、渔民和水产养殖业者、土著人民、尤其是女性在内的中小微经营主体在粮食价值链的竞争中受到制约。作为单独的个体，他们可能面临诸多挑战，包括谈判能力有限，与金融体系、市场信息和新技术的接触较少等等。为增强其抵御能力和适应能力，我们支持推动更加包容的粮食价值链，寻找新的贸易机会，同时鼓励市场的良好运作。

16. 通过在供应链全程开展联合与合作，伙伴关系可以成为推动实现包容性经济增长的关键因素。我们鼓励发展经营模式，促进中小微经营主体和其他利益相关方之间的伙伴关系，以提高生产力和竞争力，加强供应链全程的联合，以便新的利益相关方参与国内和全球粮食价值链。

17. 我们强调国际贸易对粮食安全的重要性。我们认识到，有效、可持续的粮食系统需要及时的国际市场准入。为此，我们确认，透明的、非歧视的和共同认可的规则十分重要，这些规则可以提高市场的可预测性，提升商业信心，促进粮食贸易流动。我们认识到，非关税壁垒等与国际规则、义务和科学标准不一致的措施会破坏粮食安全。

以促进农村发展为契机

18. 我们承认促进农村和沿海社区发展的重要性，因为农村是亚太地区大多数经济体粮食系统的基础之一。我们认识到，要促进农村人口的全面发展，需要有强健有力、因地制宜并反映需求和机会多样性的政策。我们鼓励农村政策要不仅限于解决农业问题，而应促进农村的全面发展，考虑经济、社会、环境和文化等多个维度，并与所有利益相关方共同努力。

19. 我们鼓励制定政策，改善基础设施、基本服务和农村人口的生活质量；同时还鼓励制定战略，采取可持续的、基于市场的方法，提高农业、林业、渔业及水产养殖附加值的同时使中小微经营主体融入粮食价值链。

20. 我们强调，推广有竞争力、可持续且优质的粮食系统非常重要，包括有助于农村发展的传统粮食系统。

21. 我们鼓励农村发展政策的设计从一开始就将性别问题纳入其中。女性参与经济的程度越高，就越有助于提高生活水平，促进亚太地区的经济增长。我们认识到女性在农村和沿海社区中有重大贡献和影响。认识到女性赋权的重要性，我们注意到《亚太经合组织农业和渔业女性最佳实践指南》正在制定当中，我们期待看到成果。

展望未来

22. 我们支持粮食安全政策伙伴关系机制、农业技术合作工作组、农业生物技术高级别政策对话和海洋与渔业工作组在亚太经合组织内所做的有助于粮食安全的努力，并鼓励这些团体加强合作，推动建立可持续智慧型一体化粮食系统。

23. 我们重申公共和私营部门合作对解决当前和未来粮食安全挑战的重要性。我们确认加强和搞活亚太经合组织与私营部门合作的重要性，包括在粮食安全政策伙伴关系机制中与亚太经合组织工商咨询理事会开展合作。

24. 回顾在亚太经合组织 2020 年粮食安全路线图指引下所作的努力，我们呼吁评估和确定当前的优先事项和未来的机遇，以加强 2020 年以后亚太地区的粮食安全。

Fifth APEC Ministerial Meeting on Food Security: PuertoVaras, Chile, 23 August 2019

Towards Integrated Smart and Sustainable Food Systems

Preamble

1. We, the APEC Ministers Responsible for Food Security, met in PuertoVaras, Chile, from 23 to 24 August 2019 under the chairmanship of Mr. Antonio Walker, Minister of Agriculture of Chile, to exchange views and identify areas of cooperation that support food security in the Asia- Pacific region. We welcomed the participation of representatives of FAO, OECD and IICA.

2. Under the overarching theme of "Connecting People, Building the Future", and recognizing that Sustainable Growth, Digital Society, Integration 4.0 and Women, SMEs and Inclusive Growth are the priorities of APEC Chile 2019, we seek to address key issues related to food security by identifying common priorities as well as cooperating in defining and implementing better policies towards integrated, smart and sustainable food systems.

3. Our region faces major challenges in terms of food security. We must find ways to provide our rapidly growing global population with economic access to sufficient, safe, nutritious and quality food. Furthermore, the livelihoods of millions of rural people, mainly small farmers and fishers, particularly women, rely on jobs and incomes provided by food production and food-related economic activities.

4. Moreover, food systems have a dynamic relationship with the environment. We acknowledge the growing impact that global changes, such as changing climate conditions; increasing natural disasters; land, soil and marine habitat degradation; freshwater scarcity; loss of biological diversity; and the emergence of new pests and diseases have on the development of productive sectors such as agriculture, aquaculture and fisheries.

5. We seek smart solutions, which will be crucial to achieving the complementary objectives of increased productivity, sustainability, inclusiveness and resilience.

Fostering sustainable food systems

6. For food systems to effectively adapt to global changes while securing long-term food security, we encourage the development and implementation of integrated policies for agriculture, aquaculture and fisheries in line with the spirit of the APEC Food Security Roadmap Towards 2020 and the UN 2030 Agenda for Sustainable Development. This will contribute to improving productivity, reducing food loss and waste, ensuring the conservation, protection and sustainable use of water, land and marine ecosystems, biodiversity and natural resources, as well as enhancing society's wellbeing.

7. The resilience of our food systems to climate variability is a priority for our economies because agricultural production is closely linked to weather conditions. We recognize the positive role that agriculture can play in providing solutions to global challenges. Reducing food loss and waste can also be an adaptive and mitigation option to reduce the food security risks of new climate scenarios. We support strengthening regional cooperation with an aim to creating enabling conditions to face the challenges and leverage the opportunities brought by globally changing climatic conditions.

8. We underscore that the efficient use and sustainable management of water as well as robust water policies are critical for the economic performance, social inclusiveness and environmental sustainability of the whole food system. We highlight the importance of sharing best practices in these areas.

9. We acknowledge that the prevention and reduction of food loss and waste is a multidimensional challenge that continues to affect food security and environmental sustainability in the APEC region. We highlight the importance of strengthening policies along the entire food chain with the contribution of all relevant stakeholders. We support further APEC cooperation in generating information and improving measurements; strengthening partnerships with all stakeholders; encouraging research, development and innovation, including information and communications technology (ICT); raising awareness and building capacity; and developing robust policies to prevent and reduce food loss and waste.

10. We recognize the significance of seafood consumption, which provides nearly 22 percent of the average per capita animal protein intake for the APEC region. In this context, we underscore the importance of protecting the marine environment and ensuring the sustainable use of fisheries and aquaculture resources. We call for continued action to address certain forms of fisheries subsidies as agreed at the 2019 APEC Ministers Responsible for Trade meeting and to combat Illegal, Unreported and Unregulated

(IUU) fishing, both of which harm livelihoods, threaten food security and impede sustainable growth. We welcome the APEC Roadmap on Combatting IUU Fishing.

11. We recognize that marine debris, including marine plastic pollution, as a global and multidisciplinary problem, has an increasingly adverse impact on the ocean environment, coastal livelihoods, food security and sustainable growth. We urge economies to work together to implement and promote measures to manage and prevent marine debris, including innovative sustainable waste management systems and sustainable agriculture, aquaculture and fisheries practices. We welcome the APEC Roadmap on Marine Debris which supports APEC's food security goals.

Embracing innovation, emerging technologies and digital opportunities

12. Innovation, emergingtechnologiesanddigitalization are engines forsustainable productivity growth in theagriculture, fisheries and aquaculture food sectors and will be critical for solving many of our current challenges. We encourage officials to make innovation a priority, including through effective coordination with all relevant stakeholders, with an emphasis on the creation and appropriate adoption of new technologies.

13. We encourage economies to develop and maintain transparent and science-based regulatory frameworks and to share information and experiences.

14. We acknowledge that the "digitalization" of agriculture impacts the way that agricultural products are grown, produced and distributed at different stages of food value chains. In this fast-changing context, we urge deeper collaboration and dialogue in APEC with the aim of identifying common approaches to promoting technology adoption, challenges and opportunities for human capital, and developing policy that targets local realities, effectively leveraging the opportunities from the digital transformation, sustainably and inclusively.

Leveraging associativity and enhancing food value chains and trade

15. Micro, small and medium enterprises (MSMEs), including small-scale farmers, fishers andaquaculturalists, indigenous peoples, and women in particular, face constraints to being competitive in food value chains. Individually these actors may have limited capacity to negotiate and less access to the financial system, market information and new technologies, among other challenges. To strengthen their resilience and adaptive capacity, we support promoting more inclusive food value chains, identifying new trading opportunities, and encouraging well-functioning markets.

16. Associativity, defined as alliances and collaborative initiatives along the supply chain, could be a key dimension to drive progress towards achieving inclusive economic

growth. We encourage the development of business models that promote associativity among MSMEs and with other stakeholders, to improve productivity and competitiveness and strengthen alliances throughout the supply chain, allowing new stakeholders to participate in domestic and global food value chains.

17. We stress the importance that international trade has for food security. We recognize that efficient and sustainable food systems require timely access to international markets. To this end we affirm the importance of transparent, non-discriminatory and agreed-upon rules, which enhance market predictability, enable business confidence, and allow food trade to flow. We recognize that measures which are inconsistent with international rules, obligations, and science-based standards, including non-tariff barriers, may undermine food security.

Strengthening Rural Development as a Place of Opportunities

18. We acknowledge the importance of promoting the development of rural and coastal communities as they are one of the foundations of the food system in most of our economies. We recognize that robust and site-specific policies are required to promote the comprehensive development of rural populations, which reflect the diversity of needs and opportunities. We encourage rural policies that address issues beyond agriculture and promote rural development with a holistic approach that accounts for economic, social, environmental and cultural dimensions, and working with all stakeholders.

19. We encourage policies that improve infrastructure, basic services and the quality of life of rural populations as well as strategies that help develop sustainable and market-based methods for adding value to agricultural, forestry, fisheries and aquaculture while promoting the integration of MSMEs within food value chains.

20. We highlight the importance of promoting competitive, sustainable and quality food systems, including traditional systems that contribute to rural development.

21. We encourage the incorporation of gender into the design of rural development policies from the very outset. Higher levels of women participation in the economy is key to raising living standards and boosting economic growth in the region. We recognize the significant contribution and impact that women have in rural and coastal communities. Recognizing the importance of empowering women, we take note of the ongoing initiative to develop APEC Best Practice Guidelines on Women in Agriculture and Fisheries and we look forward to the outcomes.

Looking forward

22. We support the efforts of the PPFS, ATCWG, HLPDAB and OFWG within

APEC that contribute to food security and encourage these groups to strengthen their collaboration in working towards integrated, smart and sustainable food systems.

23. We reiterate the importance of public and private sector collaboration in addressing current and future challenges for food security. We affirm the importance of strengthening and invigorating APEC engagement with the private sector including ABAC in PPFS.

24. Reflecting on our efforts under the APEC Food Security Roadmap Towards 2020, we call for the review and identification of ongoing priorities and future opportunities to enhance food security in the region beyond 2020.

缩写表

英文缩写	英文全称	中文全称
ABAC	the APEC Business Advisory Council	工商咨询理事会
AEO	Authorized Economic Operator	授权经济经营者
AEPR	APEC Economic Policy Report	《APEC 经济政策报告》
AHSGIE	Ad Hoc Steering Group on the Internet Economy	APEC 互联网经济特别指导小组
AMPF	Agricultural Marketing Platform	农业营销平台
APEC	Asia-Pacific Economic Cooperation	亚洲太平洋经济合作组织
BCG	Boston Consulting Group	波士顿咨询集团
CAICT	China Academy of Information and Communications Technology	中国通信研究院
CBPR	Cross Border Privacy Rules System	跨境隐私规则
CPEA	Cross-border Privacy Enforcement Arrangement	跨境隐私执法安排
CSA	Climate-smart agriculture	气候智能型农业
CTI	Committee on trade and investment	贸易投资委员会
DLP	Department of Livestock Production	畜牧生产部门
ECTAD	Emergency Centre for Transboundary Animal Diseases	跨界动物疾病紧急中心
ESW	Trade Electronic Single Windows	贸易电子单一窗口
FAO	Food and Agriculture Organization	联合国粮食及农业组织
FTAs	Free Trade Agreements	自由贸易协定
FTTC	Fiber to the Corner	光纤到角落
FTTH	Fiber to the Home	光纤到户
GRP	Good Regulatory Practices	良好监管实践
GSMA	Global System for Mobile communications Association	全球移动通信系统
ICT	Infromation Communications and Technology	信息通信和技术
ILO	the International Labor Organization	国际劳工组织
IMF	International Monetary Fund	国际货币基金组织
IRC	International Regulatory Cooperation	国际监管合作

(续表)

英文缩写	英文全称	中文全称
IUU	illegal, unreported and unregulated	非法、未报告和无管制捕鱼做法
JICA	Japanese International Cooperation Agency	日本国际合作署
MARD	Ministry of Agriculture and Rural development	农业农村发展部
MGI	the McKinsey Global Institute	麦肯锡全球研究所
MRAs	Mutual Recognition Agreement	相互认可协议
MRT	The Minister Conference Trade	贸易部长会议
MSC	Multimedia Super Corridor	数字超级走廊
MSMEs	Micro, small and medium enterprises	中小微型企业
NTBs	non-tariff barriers	非关税壁垒
OECD	Organization of Economic Cooperation and Development	经济合作组织
PPC	Provincial Peoples Committee	义安省人民委员会
PPP	Public Private Partnership	公私合作
PPWE	APEC Policy Partnership on Women and the Economy	APEC妇女政策伙伴关系和经济工作组
RFID	Radio Frequency Identification	射频识别技术
RIAs	Regulatory Impact Assessments	监管影响评估
RTAs	Regional Trade Agreements	区域贸易协定
SCCP	Sub-committee on Customs Procedures	海关程序分委会
SCE	Steering Committee on ECOTECH	经济与技术合作指导委员会
SCFAP	Supply Chain Connectivity Framework Action Plan	《APEC供应链互联互通框架行动计划》
SMEWG	Small and Medium Enterprises Working Group	中小企业工作组
SOM	Senior Officials Meeting	高级官员会议
STEM	Science, Technology, Education and Math	科学、技术、教育和数学
TELWG	Telecommunicationsand Information WorkingGroup	电信和信息工作组
TFA	Trade Facilitation Agreement	《世界贸易组织贸易便利化协定》
UN	United Nations	联合国
USAID	United States Agency of International Development	美国国际开发署
WEF	Women's Ministerial Meeting	妇女部长级会议
WPF	World Poultry Foundation	世界家禽基金会